Ode à errância

Ode à errância

ADONIS

TRADUÇÃO
Michel Sleiman

Prefácio
SONATINA PARA ADONIS 11
Marco Lucchesi

Introdução
ODE À ODE 15
Michel Sleiman

CONCERTO DE ALQUDS 19

O sentido 21

Miniatura celestial 23
Céu na terra 31
Corda entre a camela e o tanque de guerra 37
Ponte até Ayub 41
Anatomia 47
Tormentos 55
Hino à sedução do nada 60
Hino à sedução do tudo 62

Imagens do sentido de Alquds 65

Primeira imagem 67
Segunda imagem 69
Terceira imagem 70
Quarta imagem 71
Quinta imagem 74
Sexta imagem 77
Sétima imagem 78

ZÓCALO 81

O Sol gosta dos caminhos de Maia 83

O Sol 85
Hotel La Casona 86
Onde me apoio 87
Manhã, 22 de abril 88
Coloquei a mão no bolso do Sol 89
Profetas beijam as paredes 90
O ar neste instante 91
Asas são gelo 92
Ruas dançam nos ombros 93

Maia, imagino-me a atravessar 94
Uma flecha se agita 95
Percorro as salas do Museu 96
Uma gaivota dorme 97
Nunca fui amigo de lagartos 98
Leques cegos, ao longe 99
Trótski. Antes de eu entrar 100
Trótski, adorável bengala 101
Trótski, as coisas são assim 102
Entre Trótski e Frida 103
É bom você dançar, tempo 104
Trótski não esperava 105
Muitos livros numa só lápide 106
Lago sem margens 107
Tampico. O golfo 108
Palavras são vacas magras 109
Incenso ascenso 110
Tempo é o que você está nele 111
Tianguis! Dados tocam música 112
Nada morreu 113
Tianguis, o nome 114
Nas tradições de Maia 115
Pedra do Sol 116
No Museu de Antropologia 117
Gostaria que as letras do meu nome 118
A imaginação 119
Enfim estará a sós 120
O Sol arrastava o corpo 121
Todo libanês no México 122
Mesoamérica 123
Museu ao ar livre 124
Estátuas se movem 125
As árvores no Oriente árabe 126
Cemitérios há na tinta 127
Bonito é você, escultor 128

Alto-relevo no corpo 129
É o deus da chuva 130
Macaco, que é aranha 131
La Reforma 132
Livros sagrados 133
Meu quarto dia 134
Pedras esculpidas 135
Izapa-Tikal 136
Uma a uma as coisas me levam 137
Onde está, mão 138
Aqui, na sombra 139
Aqui, sob o Sol 140
Cidade do México 141
A espada do monoteísmo 142
Não lembro mais como eu ia 143
Tinha-me transformado em palmeira 144
Quem se atreve a ver 145
Quer mudar o ser 146
Um pouco da cerâmica do tempo 147
Toque-me com seus cornos 148
Maia, a noite não tem língua 149
Tragam conchas 150
Tragam estacas 151
Quetzal, eu o invejo 152
Zócalo! Aqui, o horizonte 153
Zócalo! Lugar em que se abraçam 154
Zócalo, em você saímos 155
O real 156
Aqui estamos, Zócalo 157
Quando o céu nos dava a razão 158
Não, nós só tratamos 159

Canções 161
Cabeça invertida 163
Lágrimas de árvores 164

Uma coruja conversa 165
Maia, com que poder 166
A noite é noite 167
Estrelas são poemas 168
Alegre-se, Ixchel 169
Ah Puch, deus da morte 170
Roubei o fogo da sabedoria 171
Sugeriram-me procurar por cantores 172
Qual Maia, visto a morte 173
Conceda-me o poder 174
Sob o céu de Maia 175
Com as mesmas letras 176
Todo rosto tem um espelho 177
Parado à soleira de Maia 178
Naquela noite eu não dormi 179

OSMANTHUS 181

Árvore 185
Efêmero perpétuo 186
Queixa 187
Pacto 188
Na presença de Buda 189
Exercícios 190
Divisórias 191
Perfume 192
Pássaro 193
Pergunta 194
Capa 195
Perguntas 196
Mudança 197
Doença 198
Transformação 199

Divisórias 200
Diga-me, Montanha 201
Rastros 204
Beijos 205
Continente 206
Léxico 207
Buracos 208
Perguntas 209
Pertenço? 210
Anhui I 211
Física 212
Por quê? 213
Divisórias 214
Aquele instante 216
Transformações 217
Olhe, poesia 219
Divisórias 220
Casas da imaginação 222
Túmulos 223
Buda salta da parede 224
Festa 225
Montanha da memória 226
Anhui II 227
Divisórias 229
Buda, alegoria universal 235
Mensagem de Osmanthus para amigas árvores no mundo 240
Mensagem para o outono de Osmanthus, que chega 243
Conversa que tive com a Montanha Amarela ao cair da noite 246
Outra rota para outra seda 248
Encantos 256
Rota da seda 258
Reflexões de um caderno da rota da seda inédito até agora 260
Folhas de Osmanthus migraram e esperam retornar 261
Notas na rota da seda 264
Imagino ter encontrado Confúcio na rota da seda 267

SONATINA PARA ADONIS

Marco Lucchesi

Adagio

O binômio Adonis-Sleiman representa um ato de bravura, um pacto de amizade contundente: a alquimia das línguas que se buscam, as pontes que entrelaçam continentes, o tradutor-poeta e as formas paralelas. Amoroso testemunho da cultura da paz. Eis a cartografia mais subida, um saber transitivo, jogo saudável e perigoso do Aberto. O pressuposto básico da tradução.

Trata-se também de uma errância planetária, a do poeta Adonis, entre China, México e Jerusalém. Como quem busca o avesso dos dias, seguindo outra errância, que precede as demais, contida em *Cantos de Mihyar, o Damasceno*, assim como em *O livro*, quando a poesia é instrumento de sondar a história.

Este livro respira a mesma atmosfera, o mesmo diapasão, a mesma confissão de rebeldia, enquanto método e projeto.

O centro é a três vezes santa Jerusalém, o "Concerto de Alquds", na límpida releitura de Adonis, liberta de amarras, na (con) fusão de códigos sintáticos, no modo heterodoxo de organizá-los, na emancipação de seu apelo. Santa e bárbara Jerusalém, como os heróis de seus poemas.

Parece que Adonis conversa com o poeta Darwich, distintos é verdade (ou tão somente, *sob o olhar impassível de Sirius*). Leio, comovido:

> *A história da Palestina é um outono que abandonou o ciclo das estações? Por que o rosto da criatura enruga na língua dos governantes árabes? Por que essa língua fervilha em trens que carregam caminhos sem saída ou fim? Por que esses caminhos são traçados por outros governantes que só lutam com árvores e água?*

Penso na Palestina de Qabbani e Amichai. Não sendo pequena a lista de confluências. Outono. Ou bem pior. O inverno de todos os invernos. Penso na língua que fervilha, nos trens, nas árvores, na superfície d'água. E sobretudo, e tanto, e muito, e sempre, nas crianças palestinas.

Grave

Comecei a ler Adonis na década de 1990, entre Damasco e Beirute, ou melhor, entre a mesquita de Alualid e a rua Hamra, quando eu corria apaixonado ao Líbano e à Síria, a dar braçadas na língua árabe, nos livros de Darwich e Adonis. Mil ideias fervilhavam, peripécias, entre as ruínas de então, passadas e futuras, ao longo de uma nuvem carregada, impressentida.

Janeiro de 2007. Conheci Adonis no café Les Deux Magots. Um sábado de sol que desmentia o inverno. Ou quase. Uma echarpe vermelha parecia ancorá-lo no espaço-tempo. Estava com a psicanalista e tradutora Houria Abdelouahed, de olhos agudos e cabelos pretos.

A conversa foi uma ode à errância, ao aberto, ao risco, ao jogo. À beleza de Damasco, antes da guerra civil, tão fascinante. E à poesia de Hallaj, como se Adonis falasse de um amigo: Todo grande poeta é um filósofo. Almaarri é a quem mais admira, cego, noturno, radical. Diz que os poemas suspensos, antes do Islã, guardam, em ato e potência, toda a riqueza da poesia árabe.

Admira-se da poesia sufi, amplos elogios, análoga ao surrealismo, pela ousadia da forma e plasticidade, inteligência do corte, transição conceitual. Um dos legados mais poderosos da língua árabe, sem perder autonomia diante da religião. Falamos de Yunus e Rumi, místicos, rebeldes, em busca da Meca interior, onde cintila a negra Caaba. Fala dos ensaios de seu amigo Salah Stetié, ensaísta e poeta cristalino. Cita Baudelaire e Mallarmé, por ele traduzidos parcialmente.

Anos a fio mergulhado na poesia árabe, Adonis procura resgatá-la, redesenhá-la. Boa parte de seus livros responde a tal desafio. Não renuncia ao árabe, quando escreve. Língua de exílio e intervalo. Não porque more em Paris, insiste. Todo poeta vive o exílio da língua, para melhor explorá-la, som e sentido, como quem passa fronteiras, ao longo de sua corrente sanguínea, orgânica e social.

Não pode haver poeta sem projeto. Assim como, para Mario Luzi, não pode haver poeta desprovido de uma cosmologia.

É o que vejo neste livro fascinante. A conversa inacabada, infinita, que se prolonga, nos tempos em que Adonis e eu éramos bem mais jovens, cada qual a seu modo, assim como Sleiman que o traduzia, faz tempo, com altíssima adesão.

Coda

Encontro em *Ode à errância* um sinal que materializa os tempos atuais, de forma delicada e vaporosa (não menos intensa), o projeto, o exílio, a cosmologia, a echarpe e, sobretudo, acima de tudo, e apesar de tudo, a transfiguração:

Anjos preferiram virar amantes, e o almíscar árabe, o espaço de idas e voltas entre o Hijaz e Alquds.

Seu céu é uma inscrição linguística, e a terra, portadora de ilusões. Toda vez que a palavra soluça na inscrição, a história bate os dentes
enquanto cabeças precipitam como bolas lançadas sem direção
e as estrelas parecem feixes de palha.

História é leite que vaza do peito das mães para amamentar a Lua e os outros astros.

ODE À ODE

Michel Sleiman

Oculto é o que vê o olho da percepção, não o da visão, embora este saiba que o Oculto está lá; que é presente, portanto.

Peguei nessa asa do olhar e fui até você, leitor, até o seu lugar-ser. Bússola de bolso, bolso sem fundo, ando e não chego, pois você também anda: na minha direção? Não era eu na sua? Há movimentos, mas o resultado é nulo. Você continua onde está e eu não sei aonde fui. Adonis, sim, sabe; ele vê com o olho da percepção e nos diz da errância.

Alquds e nós! Quem nos segura, tendidos em cordas entre o céu e a terra, entre um tempo e outro do teto-céu — não uno, não duo, não trio —, teto que as casas de Alquds dessantificam em sal?

Oculto
é o deus colado na máscara do artesão, máscara não
colada no lagarto, máscara-lagarto
não colada no amarelo que esbranquiça, flor de
Osmanthus quase,
ou no vermelho, no azul, no verde,
ou no branco (de novo o branco?), não.
Oculto é o deus-mulher, deusa-cascata,
deusa-antropologia.

Onde está, Deus, onde está Sua morada que convulsiona senciente com as criações as mais insuspeitas? No Oculto?
Você é ele, diz a visão-percepção, sempre falta!

Maia civilização

é mulher, não coletivo disforme, sem contorno no tempo-espaço, sem história, trama-fonte-trama ou materialidade. Maia chama, subterrânea, e desborda rio-fossa dos entornos do Mediterrâneo.

Puxe o Oriente, Adonis! Ele é o carro e atrás dele cavalos e cavalariças medem forças na arena do Oculto. Vem junto, leitor? Eu vim.

Maia é menina em menino, flor-tubérculo, Sol que é sombra da visão, sombra-Sol da percepção. Adonis, Adonis, Adonis.

O mundo é um guarda-sol. Linda imagem, mas não procede. Mundo é saia de rendas na cintura da menina-flor. Também linda, e não procede. Quem diz isso é a nuvem que abandonou o colo da Montanha Amarela (nessa fabulação, ontem, marrom, a Montanha esteve densa contra o azul gasto do quinto céu — o que haverá no sexto e no sétimo?, pergunta a Adonis a árvore Snoubar sino-libanesa). O mundo é o Oculto, mas onde? Em Tampico? Em Jerusalém? Em Pequim?

Ode à errância é o título que Adonis dá hoje a este périplo de périplos seu, que despegamos do eterno em teias do efêmero, em três precisas estações de seu passado recente: *Concerto de Alquds*, obra de 2012; *Zócalo*, de 2013; e *Osmanthus*, de 2019. Desde seus primeiros livros dos anos 1960, o poeta canta, e seu canto não para de apagar a linha divisória de Oriente e Ocidente. Mas há tal linha? Lido em outras línguas, Adonis descerra horizontes: começa árabe e termina outro, e volta a se abrir e fechar para, de novo, se abrir. Seu canto é o desejo do horizonte de pegar asas. Traz o outro e leva o si para um mesmo lugar de ser. Vivenciar o "triângulo do desejo". Isso é Adonis. Viver na "quadratura do zero" ou nas "pirâmides do éter". Errar é o que basta.

Concerto de Alquds

O SENTIDO

Beirute – Blumberg – Paris
julho e agosto, 2010

MINIATURA CELESTIAL

No alto,
no alto, olhem-na: pende do colo do céu,
cercam-na cílios de anjos.

Não se chega a ela com os pés.
Tentem a testa, o ombro, o umbigo talvez.

Batam à porta descalços.
Um profeta a abrirá e os ensinará a andar e a inclinar-se.

Teatro que O Sábio Poderoso dirige.
E isso tudo Ele faz por seus filhos.

Este aqui sou eu, o fantasma de Alquds,
gritou no teatro uma marionete de três cabeças e sumiu.

A Casa Santa reportou a seu Senhor a devastação,
Deus então lhe segredou:
Para ti multiplicamos as faces que se inclinam em reverência
na ternura da pomba que aninha seus ovos.

"Fé em Deus, Kaab,
tem lá língua a Casa Santa!?"
"Tem, sim, e um coração, como tu."[1]

Teatro que O Sábio Poderoso dirige.
Tantas vezes roguei ao pão que julgue o sal.

---

1. De Ubai Ibn Kaab, nascido em Yatrib (Medina) e morto em 649 d.C., 30 H. (Hégira). Letrado, a ele se atribui a primeira versão escrita das suras ditadas pelo Profeta. (Neste livro, as notas, quando não indicada outra autoria, são do tradutor).

Tantas vezes ouvi baixinho:
Por que a morte tarda em Alquds, e a vida,
de prolongada, vira outra morte?
Como a cabeça se prende à abóbada de palavras que inventa?

É fato! O Oculto engana em Alquds, é seu maior enganador.

Num canto, em meu deserto mais distante,
uma gazela chora.

Conheço seu nome, tempo que corre nas ruas de Alquds.
Mandaram-me servir a você um sumo de urânio.
Pedirei à Lua que pare um tempo em seu caderno
e ao Sol que programe tal parada.
Olhe: felizes por você, as paredes
derramam na terra o leite das tristezas.

Você sabe, tempo:
as formigas chegam mais alto que os astros.
Puderam falar com Suleiman,[2]
mas não puderam os astros.
Talvez por isso presságio de formiga é
cinto, máscara, trincheira, trator, bomba, foguete, bolsa,
pneu, cérebro eletrônico.

Eis os dias por vir.
Talvez por isso
o céu se transforma em umbigo no teto da história.

2. Nome corânico de Salomão.

“Na Casa Santa as almas se aglomeram para ouvir o veredito.”[3]
“Morrer na Casa Santa é igual a morrer no céu.”[4]

Mas aí está Imru Alqais!
A caminho de Bizâncio passa pela Casa Santa
e antes de pisar a soleira da porta lê:
O sangue derramado nas margens do Mediterrâneo,
tem desde o início dos tempos uma história maculada.
Terrena, essa história tem
uma miniatura celestial denominada Alquds.
Mas por que as pessoas ali são duas:
um morto, que vive no deserto,
e um vivo, debaixo da terra?

A noite e o dia brigavam em nome de Alquds, um tentando
enforcar o outro,
e o tempo fazia da cena um documentário
até que Imru Alqais disse em despedida:
No começo do mundo era a palavra;
no começo da palavra era o sangue.

Teatro que O Sábio Poderoso dirige.

Você se cansou, Imru Alqais, de andar nessas ruas abertas
pelo Oculto?
São boas na arte da imitação,
e as paredes são mestras na escuta.
Se alguém tenta abraçar uma mulher, um guarda
logo pergunta:
Pediu licença ao céu?

---

3. De Abu Huraira (*c.* 603–681 d.C., 21–59 H.), um dos companheiros do Profeta.
4. De Abu Darr (m. 652 d.C., 31 H.). Tido como precursor do socialismo islâmico, foi um dos primeiros a reconhecer o profetismo de Muhammad.

Sim. Todo fruto é amargo nessas ruas.
No entanto, aí está você a seguir seu rumo,
mais persistente que
formiga macho esfomeada,
e de seus passos faz cordas de música inédita,
vibrada no arco dos sonhos viris de onde brotam
óvulos do pensamento.

Você pensa: é outra noite a minha cama.
Mas algo o intriga:
também a noite mente, ainda que ela seja a amiga
mais leal do Sol.
Acostumado a inalar o perfume do infinito,
você se acostumou a começar sempre do zero.
Sua avó, a abóbada do céu de Ukaz, colocava moedas
no bolso dos filhos
e recomendava que as jogassem à noite como dados
entre as areias das estrelas, quando quisessem brincar
com seus sonhos.
Atentos a essa recomendação
lançavam seus poemas na areia,
como bênçãos, em celebração.

Agora outro céu o cobre. Ao seu redor, paredes sangram
e cabeças semidecepadas não param de falar.
Esteja certo, vento,
suas armadilhas escondem florestas de fogo.
Fontes de sangue brotam do buraco de uma agulha
pendurada na mão do céu.

Palavras, dardos, lanças.
O vidente é sempre sua vítima.

Anjos preferiram virar amantes, e o almíscar árabe, o espaço
de idas e voltas entre o Hijaz e Alquds.

Seu céu é uma inscrição linguística, e a terra, portadora de
ilusões. Toda vez que a palavra soluça na inscrição,
a história bate os dentes
enquanto cabeças precipitam como bolas lançadas
sem direção e as estrelas parecem
feixes de palha.

História é leite que vaza do peito das mães para amamentar
a Lua e os outros astros.

A tempestade, quando avança, vem armada com corpos e enche
os dias com nuvens carregadas, que nem a luz
às vezes é capaz de ler.

E assim permaneceremos: fazendo caixões por antecipação,
ungindo-os com um perfume mais antigo que o tempo
da Criação, cortando em seu nome
a veia da terra para dar de comer às artérias do Oculto.

Leia seu horóscopo, história. Verá como as ilusões viram torres
da verdade.

À cama do céu se entrega o corpo da história. Aí está a desabotoar
a roupa.

O vento lê a rosa;
o perfume a escreve.

A apaixonada entrou no jardim de sua casa em Alquds, onde mora
o amado.
As flores do entorno viraram janela que emoldura
seus passos.
Ela ri e diz:

Devo de novo costurar uma roupa para cada flor?
Ontem, quando a encontrei, a noite cochichou
em meus ouvidos:
Para a rosa, o perfume é um filho
que já nasce crescido.

(tensão, morte, captura, socorro, extintores, vítimas, vereditos,
proibição, insurgência, infração, mérito, detidos,
detenção, prisão, destruição, ocupação)

Eu disse à imaginação:
Ouse, coloque as mãos nos ombros de Alquds.
E disse a Alquds:
Por que vindo até você eu só sei andar para trás?

(terror, sequestro, lugar desconhecido, recrudescimento,
acusação, negação, óbito, corrupção, infiéis, falsificação,
ofensivas, violência, sentença, regra, risco, conflito,
domínio, refúgio, invasão, saque)

O caminho é um fio de aranha. Universo clarividente tragado
por universo cego. Cidades são agonia. Tempo é poupa
que passa.
Até quando dormirá, céu, nas mãos de uma terra vermelha?

(mísseis, gangues, seitas, rituais, ataques, minas, comércio,
luta sectária, bombardeio, divisão, calmaria, senhoria,
revenda, corpos decepados, cadáveres, lutas, aliados,
inimigos, gente armada, assassinos, tribos)

Criança em forma de caixão carregado sem rumo por mãos
invisíveis. Digam para a eternidade:
A trupe que dirige o seu teatro
foi moldada de um barro chamado morte
e revestida por um tecido chamado ar.

(petróleo, urânio, estrondo, munições, escândalos, investigação,
contrabando, regulamentos, direita, esquerda, negociações,
traição, tortura, êxodo etc.)

Na Lua há uma fenda erótica cavada pela política, disse um astrônomo.
Na Terra há buracos que parecem os do corpo humano,
disse um naturalista.
E entre os dois, uma cabra-montesa se transforma em
fita vermelha que envolve o navio, enquanto o tornozelo
do ar guia sua dança ao ritmo da poeira atômica.
Linhas, fios tecem mantos eletrônicos
para os viajantes que desconhecem o lugar
que os desconhece.
Livros se amontoam e debaixo deles cabeças desabam
por argumentos frágeis que a caneta milagrosa rabisca.
Eu não disse isso a nenhum anjo, disse-o a um meteoro
mudo, mal acendeu, apagou.

Há quem se lambuzou e então foi virado do avesso.
Há quem leu e foi tocado pela opressão da ignorância cabal.
Há um terceiro, ainda, e um quarto, só sombra desse.

O terror é em si melodia na harpa do sol.

"Enviado de Deus, quem primeiro entrou no Paraíso?
Os profetas.
E depois?
Os mártires.
E depois?
Os muezins da Casa Santa."[5]

---

5. Jabir, transmissor de *hadith*, de Yatrib (607–697 d.C., -16–8 H).

"Nenhum servo ganhou martírio, no deserto ou no mar,
sem antes ouvir o chamado dos muezins
da Casa Santa no céu."[6]

"A rocha da Casa Santa está em cima de uma palmeira,
e a palmeira, em cima de um dos rios do Paraíso.
À sombra da palmeira, Ássia, mulher do Faraó,
e Mariam, filha de Imran,
afinam as cordas das gentes do Paraíso para o dia
da Ressurreição."[7]

O que escrever, pois, e como?
Tem sentido o que não entra na língua?
Por que as tristezas da mente são túmulos para
os desejos do corpo?

Só escrevemos uma coisa se a virmos de fato
e de tal modo como se a coisa mesma nos visse.

Escrita sem abismos, sem identidade.

---

6. Kaab.
7. Ubada Ibn Assamit (585–655 d.C., -34–38 H.), guerreiro das hostes do Profeta e dos três primeiros califas.

CÉU NA TERRA

Alquds é sonho, que é língua. Língua na qual a história se funde com o antes e o depois, o ser humano e o real. Fim e não fim. Água e terra: com ela você pode moldar o que quiser.

"[...] Deus falou a Mussa[8] na terra da Casa Santa.
Deus perdoou Daud e Suleiman na terra da Casa Santa.
Deus restaurou o reino a Suleiman na Casa Santa.
Deus anunciou Yahya a Zacarias na Casa Santa.
Deus sujeitou as montanhas e o pássaro a Daud
na Casa Santa.
A gente de Yagog dominará toda a terra, mas não
a Casa Santa,
Deus os aniquilará na terra da Casa Santa.
A Mariam, a paz sobre ela, foi dada a fruta de inverno
no verão
e a fruta de verão no inverno na Casa Santa.

Issa, a paz sobre ele, nasceu e falou no berço na Casa Santa.
A ele Deus fez descer mesa posta na terra da Casa Santa.
E Deus o elevou ao céu da Casa Santa.
E do céu o fará descer à terra na Casa Santa.
Ibrahim, a paz sobre ele, migrou de Kutha à Casa Santa.
O Profeta foi conduzido à Casa Santa.
A migração no final dos tempos será à Casa Santa.
A via que se ergue do Inferno ao Éden começa na Casa Santa.
Israfil soprará a trombeta na Casa Santa.

---

8. Nessa passagem, os nomes corânicos citados correspondem aos bíblicos Moisés (Mussa), Davi (Daud), Salomão (Suleiman), João Batista (Yahya), Gog (Yagog), Maria, mãe de Jesus (Mariam), Jesus (Issa) e Abraão (Ibrahim).

O peixe, que leva o globo nas costas,
tem a cabeça no nascente,
a cauda no poente
e o meio do corpo debaixo da Casa Santa.
A terra inteira será destruída e se construirá a Casa Santa.
O primeiro torrão a se erguer será o local da Rocha da Casa Santa.

O olho de Mussa aparecerá no final dos tempos na Casa Santa [...]."[9]

"[...] Refiro-me ao poder de transformar peixe em canário e vaca em foice de colheita.
[...] Naquela trilha passaram inúmeros rebanhos de valentes carneiros ovelhas gordas ovelhas com sinos cordeiros de lã tosquiada gansos selvagens bezerros castrados de médio porte éguas domadas bezerros sem cornos ovelhas de lã comprida animais de reprodução
[...] sons de pisadas mugidos grasnados roncos berros balidos grunhidos trituração ruminação de ovelhas porcos vacas prenhes
[...] carregando folhas de palmeiras e harpas espadas coroas de louros [...] algemas machados árvores pontes crianças em poças de banho conchas tesouras chaves cobras com asas e unhas de porcos lâmpadas colheres estrelas víboras fêmeas reprodutoras potes de vaselina sinos muletas ganchos chifres de cabras falcões mós rinoceronte.

9. Qadi Alqudat, Abul Yamin Alqadi, Mujir Addin Alhanbali (1456–1522 d.C., 860–928 H.). *A nobreza gloriosa na história de Jerusalém e Hebron.* (N. A.)

[...] Salmodiam a oração dos antigos que começa assim:
Levante-se, ilumine-se,
Jerusalém [...] e dizem:
Todas vêm de Shaba."[10]

Que cabeça é essa que a imaginação põe na peneira? Que corpo
é esse que as garras do delírio laceram? Será o homem
lenda da carne e do sangue?
Esqueletos e crânios, veias e artérias, olhos e ouvidos:
Ferramentas e instrumentos que o pó guarda no corpo
e sob seus travesseiros.
Cada ferramenta, cada instrumento tem um dente de
ouro, como versículos que esculpem o ouro das falas.
Se o pó pudesse parar sobre os próprios pés, o céu seria
a corrente que aperta seu tornozelo.

O que tem o espanto que míngua? O que tem o tempo que se
rende a suas penas?
Houvesse eternidade, seria neve anciã, irmã do pó. Vejam:
em cada soleira, em cada entroncamento, há um morto
dentro de um caixão confuso:
Carregam-no os anjos
ou é ele quem deve carregá-los?
Alquds! Alquds!
Na Idade do Bronze, maçã era mulher.
Na Idade da Nafta e da Eletrônica, maçã virou bomba:
transformação
que faz os mísseis mirarem só as casas dos amantes.
Amantes: uns carregam suas folhas rumo à Idade da
Pedra; outros se perdem:
não sabem quando, aonde ou como ir.

---

10. James Joyce, *Ulisses*, a partir da tradução árabe de Salah Niazi. (N. A.)

Dos seios dos astros, saltam anjos da certeza. Chegando a você, lavam-se em sua água, curvam-se a suas palmeiras, trazem-lhe o céu puxando-o pelas melenas. Fica o céu desgarrado do céu, as cordas dos anjos amarradas ao pescoço da terra.

Equilíbrio demográfico!
Pessoas vêm dos confins do mundo a Alquds.
Pessoas brotam de seu barro e de sua água.

Três recém-chegados e um só morador.
Sai o morador, ficam os recém-chegados.
Equilíbrio demográfico!
Não se trata de Babilônia ou Assíria.
Trata-se de destruir, destruir pedra e gente.
É política — outra construção.
O Sol não nasce no leste de Alquds, as aldeias do entorno estão cobertas por névoa.
Retiros, de todo tipo, para o policial fazer a ronda.
Como fica o direito internacional?
Não é reconhecido. Aliás, é tido como crime.
E por que o silêncio?
Talvez a resposta esteja na "deportação silenciosa".
Talvez no eco.

Alquds racha e descamba:
Bacia Sagrada. Bacia Histórica.
Cidade Velha.
Encostas orientais do Monte das Oliveiras.
Siluán.
Bustán, o bairro.
Cheikh Maddah, outro bairro.
Wadi Rababa... etc. etc.
Finquem-se, recém-chegados,
arranque-se, morador:

é o que diz ser necessário a música de Deus:
Glória às cavalariças de Suleiman!
Paste nelas como quiser, e relinche, manada angelical!

O ventre do lugar infla.
O tempo traga juntos feto e útero.
Que sombras são essas que o sol desconhece?
Que sinos são esses que negam seus sons?
Que narciso teológico é esse que assoma nas nuvens?
Entre a realidade e a língua há trincheiras
intransponíveis, sim.
Bem-vindo, rei do nada.

Não há vida na vida, Mariam.
Há vida só nas imagens.
E amanhã, quem saudará Mariam
nessas trevas entrelaçadas e fraternas?
Da caixa torácica salta o pulmão da fala
e entre os dois muros, o do lamentador e o da lamentação,
vem e vai o trem da história.

Por quê, por que mentem, estrelas?

Ruas, como sulcos na face do sentido,
abertas pelas carruagens dos imperadores.
Em torno delas, pessoas morrem.
Em torno delas, máquinas e estandartes,
mortalhas, coveiros, túmulos.
O sangue da máquina range.
O sangue da infância coagula.
Mostrem-nos, ruas, como lavar essa tinta.
Seremos sempre
fulminados e arrastados
pelas legiões de nossa genealogia?

"Nada nesta terra é digno de vida", diz Nietzsche pela boca
de Zaratustra.
Onde está então
o martelo da liberdade?
Onde está a bigorna do juízo?
Como o homem, criador do sentido,
pode ter seu destino gravado numa palavra? Como pode
sua alma escorrer pela parede?

Só o que se sabe é o nome,
como se as coisas existissem enquanto palavras apenas.
A casca devora a polpa
e pó é outro nome para o Oculto.

O pior de tudo é a miséria do homem:
caiu na garrafa do "o que deseja, meu amo?",
subiu na fumaça do "aqui estou às suas ordens".

E aí está você, Jerusalém-Alquds,
patinando no gelo do sentido,
e no céu seus gênios e demônios
controlam os oceanos da língua.

De um túmulo, de uma inscrição, de uma erva em forma de
dois seios, de um musgo que escala a parede úmida,
exala em misto de compaixão e escravidão um cheiro,
e anjos e demônios acodem em torno numa dança
que lembra onda.

Eu, que mendigo o pão, em você gostaria de ser sismo e furacão.
Em você testemunho o fim e o infinito num mesmo pulsar.
E a faço testemunha da natureza —
gênio, gênero, intuição.

CORDA ENTRE A CAMELA E O TANQUE DE GUERRA

História / narrador

Uaqidi (*c.* 822 d.C., 207 H.), Iacubi, Tabari, Ibn Batric, Istacri,
Masudi, Mocadasi, Ibn Asakir, Usama Ibn Munqid,
Imadadin Isfahani, Iacute Hamaui, Ibn Atir, Abu Chama,
Ibn Ibri, Umari, Ibn Khaldun, Macrizi, Ibn Chahin,
Ibn Tagribirdi, Suyuti, Hanbali (*c.* 1521 d.C., 928 H.).
Todos esses desenharam a imagem de Alquds,
encantaram-se com seu sentido e o propalaram.

Sumário / analista

Disseram: Na mente do muçulmano, em sua imaginação, Alquds
é menos terra e mais céu-paraíso.
O muçulmano se incorporou nessa imagem: passou a se
encontrar não nele, mas nessa imagem e, uma vez nela,
saiu de si para vagar na língua dela — na língua. Fala dela,
mas a fala não sai dele; sai dessa imagem, embora articulada
por sua língua. Quem fala é aquela imagem imaginada.

Resolução / religião

"Quem quiser olhar para um pedaço do Paraíso
que olhe para a Casa Santa."[11]

11. Ibn Abbas (619–687 d.C, 3–68 H.), primo do Profeta e um dos mais autorizados comentadores do Alcorão.

Terra. De cada pedra se engendra um tanque de guerra.
Em cada árvore se arma uma bomba. E por cima
paira fumaça vermelha: revelação.
Do Mediterrâneo, esse mar único, e uno, mana a
ferrugem do tempo.

Paredes se enchem de universos, esvaziadas de segredos.
O espaço é todo palha e fósforo. Imagens de deuses
firmam alianças contra as palavras, sob as quais estátuas
se matam. Aqui e ali, um teatro para crucificar as pessoas
em chifres de anjos.
Calma, dilúvio que leva na arca só o Paraíso. Olhe e veja,
arca, se há, nas margens ou nas alturas, um homem ou
uma mulher. O instante é um ferro assassino, e remédio
é doença, não remedia.
Três vezes a terra tremeu na boca do céu, e milhões de
vezes tremeu na boca das pessoas. O universo anônimo
não tem um ovo para atrair algum traseiro de profetisa
ou para cair maduro no colo de algum galo divino.
Penso, no entanto, receber, numa noite dessas, com
meus pés descalços no jardim da poesia, a fêmea desse
anônimo. Juntos diremos para a mão do amor: Penteie
o cabelo de Alquds, dê-lhe o espelho da poesia para que
se veja nele.
É curioso, Alquds, você gerar somente a si mesma,
embora entre as coxas meneie a vulva do mundo.
Seu peito tem forma de túmulo e a garganta forma de
bomba. Onde está a canção que unirá suas partes num
só pulsar? Onde está o caminho que seus passos lerão
como um livro sagrado? Pergunto e sei que a pergunta
sai como um lamento.

O que acha de contarmos o tanto de caveiras que rolaram em
seu nome nos túneis e sendas da história? Não seriam

suficientes para erguer outro céu do tamanho do céu? Deveríamos dizer bem-aventurados os céus que também só são regados com o sangue da terra? Dizer bem-aventurada esta terra que, em homenagem aos céus, só pode ser cemitério?
Vocês que passam por esta terra atentem: cada qual tem um abismo nesse céu.

Ah, se você visse, se tivesse visto, como são dilacerados os pulmões de velhos e crianças, de mulheres e homens, revirados entre os sapatos dos turistas e peregrinos em prece; e como em seu nome se improvisa a ressurreição; como as entranhas das coisas viram cadáveres e corpos decepados; como casas, ruas e ambientes tremem em contínuo bombardeio divino para se confirmarem profecias e mandamentos; como criaturas indefesas fogem ao terror e se refugiam na sombra da esperança ou no ninho da oração.
"Não mateis o morcego; o mar lhe franqueou sua água para que ele apague a Casa Santa quando fosse queimada." (E tal dizer continua: "Nem mateis as rãs; seu coaxar é glorificação".)[12]

Ah, se você visse, se tivesse visto, como árvores e flores se quebram, campos se apagam, ciprestes desabam; como as pedras mesmas tentam fugir até o colo da mãe Natureza, em toda direção, a qualquer lugar, mas longe, longe de você.
Aí está o horizonte a gemer e a tremer o espaço, enquanto avaliam os próximos sismos. Todo fim é um começo, e você ensina a seus filho somente a morte. Que vida é essa, só viva enquanto refém numa jaula divina?

---

12. De Abdallah Ibn Amr Ibn As (684 d.C., 65 H.), um dos companheiros do Profeta.

Não, não temo.

Temo só suas multidões que não desgrudam os lábios
do seio da morte.
Como se você fosse uma égua em luta consigo mesma,
numa arena: uma batalha, um vencedor; égua cujos
membros dançam no cadáver uma da outra. Banquete
ininterrupto, que desce de um céu cuja cabeça come os
pés enquanto as presas devoram o resto.
Você é assim: ara o vazio, sem milagres. Seu corpo é todo
rachaduras. Seu sangue agoniza lento, lentamente.
O céu pecou contra você? Conhece outro pecador mais
arrogante e mortal? Aí estão suas direções: medidas
pelas mutilações, somente.

Silêncio, silêncio, poeta!

Um corsário toma a mão da Lua e se prepara para zarpar.
Acontecerá de um dia o céu se levantar em ira
e gritar
não, não tenho esperança, eu não sou o céu?

Bairro Marroquino

Saberá aquele museu, Museu do Muro das Lamentações, saudar
uma andorinha, ou apertar as mãos do Mediterrâneo
que apertou as mãos de Cadmo e Ulisses?
Saberá saudar uma mulher que inspirou com seu nome
o nome Europa?
Saudações, passos humanos, vocês que fizeram da
cultura algo natural.
De fato, a história tem camadas por baixo. A poeira
zomba das verdades da água. Que é de uma história
que não conhece a diferença entre lágrima e tinta,
entre cunha e alfabeto?
Cova na cabeça, não na terra. Visitas dos fantasmas
de uma revelação não escrita. Espuma desfeita no trono
da água.
Sistema esse só sustentado por seus fragmentos.
As piscinas de Suleiman são cruzadas por um navio
que não vem do Oriente nem do Ocidente.
Vem despreocupado.
Aproveitem essas piscinas.
O único porto no Bairro Marroquino fica na língua –
ferida aberta, como os versos de Ayub.[13]
Digam-me, versos de Ayub,
prisão, abuso, tortura, fome, expulsão, exílio, assassínio:
são essas as colheres que reservaram para seus fartos
e elevados banquetes?

---

13. Nome corânico de Jó.

Canção

Homem vidrado por suas correntes:
esposa coberta, cara e cabeça,
filha coberta, só a cabeça,
carne halal.
Hotel restaurante, cafeteria, cemitério.
Conflito só
entre a maçã e Ibn Ruchd.[14]

Mesa posta sob a qual treme o peito da terra, estrebuche!
De fome por uma colher que sai agora do ventre de
um peixe ou, se quiser, pelas tintas, esse lodo angelical.
Com a cor, você sossega a história, pinta um quadro
da vara que se transformou em cobra; do mar que abriu
os flancos para dar passagem aos errantes; do monte
que hospedou Noé com seu dilúvio e sua arca; do horror,
que não cabe em nenhum quadro e zomba de toda cor.
Estrebuche de fome, mesa, estrebuche.

Reflexões

O que dizem as crianças para essa bola que rolam e chamam
de vida? Como se agarram ao mundo com tantas
cordas amarradas ao pescoço desde que surgiram
na mina do Oculto?
Vestígios de revelação ondulam nos versos de Ayub.
Paraísos. Rios de mel. Servos. Restos de livros

---

14. Nome original de Averróis, o filósofo árabe-andalusino nascido em Qurtuba, atual Córdova, na Espanha.

apagados pela escrita.
Andem, soldados anjos, ao campo! Líderes flutuam
no pó de suas calças.
Cortinas pretas. Luz não há para as janelas.

Narrativa

Eu ainda não tinha visto a Lua ser escoltada ao porto dos livros celestiais como vi naquele dia. Parecia uma dessas pedras pequenas que esfregamos entre os dedos. Não aquelas que levam orgulho para as mãos, mas aquelas que coroam os pés. Ia sentada, exausta, vestida com roupa de trabalho. Parecia a cria lactante que a mãe Sol apartava do seio. Os versos de Ayub a envolviam,
os pretéritos e aqueles por vir. Cartilagem e osso,
num dossel feito de pássaros do Paraíso.

Casca de maçã na qual
derrapa o pé de Eva.
O beco exclama:
"Cadê o arco, Criador?"[15]

A vara transformada em cobra não sabia que todo beco em Alquds é um depositário de súplicas as mais diversas e divergentes, não sabia que as orações que escalam seus próprios degraus vêm impregnadas de gemidos de vozes anteriores ao dilúvio.

---

15. Alusão a um verso proverbial atribuído originalmente a Hutaia (m. *c.* 674 d.C., 54 H.): "Criador do arco da mais genuína forma, não gore o arco, dê-lhe o seu melhor".

Canção

O que lê a religião ou escreve a poesia, se o Oculto
quebra as costas do país e "a terra é sacudida
por seus sismos"?[16]
A Terra, astro dos dias errantes,
com seus anjos e demônios,
e a divindade, simbólica, tangível,
formam um mesmo ventre?

Notícia

Um estudante cruzou a barreira.
Maculou o imaculável.
Vai à prisão, até encontrar a velhice. E isso lhe basta.

Nas ruas estreitas flui um cheiro de sangue, desde
o dilúvio. Fluxo sujeito a escrutínio civil e
controle militar.
Sede de conhecimento? Só por um capacete.
No monte de lixo dança o átomo.

Exército eletrônico comandado por um anjo vermelho.
Dispositivos são uma praga.

Provérbio

Para que muro acenam, versos de Ayub?
Esse muro se ergue de uma areia que nunca
foi labirinto. Um dia virou vela aberta misturada

16. Alcorão, 99: 1.

ao ouro das leis e à prata dos templos. Esse muro
desce de arranha-céus que nunca foram horizonte.
Um dia viraram arames farpados, ou descuido na cabeça
do vento.
O muro tem mais de uma vida nesta vida, efêmero-
-mundana, mas na outra é só uma farda militar que faz a
guarda de um abrigo abarrotado de pessoas torturadas
por carrascos divinos.
Balbúrdia na parte norte do muro. Ainda assim
cobrem-no com sombra palavras que conhecem
o Oculto. Cobre-o com sombra também um sono
que está para acordar. O Sol passa por cima e se arrisca
a dizer para si mesmo que, sim, ele está velho, mas tem,
na sombra do muro, uma janela por onde olhar
o Mediterrâneo, sem mediações — nem túmulo,
nem céu.
Mas... como é próximo esse túmulo! E como é distante
esse céu! O que digo? Não! Acabou o céu: o "c" é
cimitarra, o "e" é extinção, o "u" é o vazio.

Perguntas

Pergunto-lhes, versos de Ayub:
Como alguém que vê só um lado
faz uma ponte?

O que diz uma mulher coberta por um véu de seda
ou algodão
a outra coberta com um véu de aço?

"Das nações do entorno comprarão escravos e escravas.
Também os comprarão dos filhos dos estrangeiros
que vivem com vocês e das famílias deles que moram
com vocês, nascidos já em sua terra. Tomarão a todos

como seus e os legarão, quando mortos, a seus filhos,
que os tomarão para escravos enquanto vivos…"[17]

Pergunto-lhes por fim:
O que é de um país dirigido pelo assassínio ou assentado no crime?

"Ai de quem constrói uma cidade
com sangue e a assenta no pecado."[18]

Outras perguntas

Versos de Ayub, quando os leio, vejo como cimbra e em vocês se quebra o caniço chamado homem.
Não seria o outro o infinito que pulsa em vocês? Não seria seu segundo eu? Onde acabam, versos de Ayub?
Por que não param de apagar seu fim? É como se não parassem de apagar também a si mesmos.

Seriam uma viagem aos confins mais distantes?
Então vocês e o fim são um só.
Onde está seu outro, versos de Ayub?

17. Levítico, 25: 44-46.

18. Habacuc, 2: 12.

Estábulos de Suleiman, ou Mesquita Maruani

Também a formiga reza para Suleiman. E nenhum pássaro
deixou de levar mensagens para suas mulheres.
Maruan[19] foi o primeiro entre os primeiros a acreditar
e confiar.

Colina da Porta dos Magrebinos

Pende por cima dela um cemitério numa corda que liga o
umbigo do leste aos lábios do oeste. Cemitério semiaéreo.
Enche o ar, quase, com seus gemidos. Entre a Praça
de Buraq e o Nobre Santuário árvores forradas de pó
sorriem.
O ar desvaria, mas dorme depois em quartos silenciosos,
vigiado por seguranças plantados em carros militares
que os anjos arremessam no coração de Alquds.

Muro das Lamentações, ou Muro de Buraq

O lamento é relâmpago, às vezes é brilho, às vezes é Buraq.[20]

---

19. Abdel Malik Ibn Maruan (646–705 d.C., 26–86 H.), quinto califa omíada, quem ordenou a construção do Domo da Rocha.

20. Jogo de significações entre palavras que compartilham a raiz b-r-q: *barq*, "brilho" — hoje também "telégrafo", sentido aparentado de "rapidez" —, e *burāq*, animal alado que, nas lendas islâmicas transportou o Profeta, no intervalo de uma única noite, da Mesquita Sagrada em Meca à Mesquita de Alaqsa em Jerusalém, de onde ascendeu ao mundo oculto em visita ao Paraíso e ao Inferno, e depois o levou de volta ao ponto de partida.

Ambos os muros se perfumam com os passos de Deus
e os passos de seus profetas e enviados, os quais
"não distinguimos entre eles".[21]
A rosa vermelha entre os muros tem sombra arroupada
de preto.

Túnel Oeste, ou Túnel da Fonte Siloé, ou Túnel do Vale Hílua

Túneis. Iluminar-se-ão pelas tochas na mão dos horizontes.
Túneis tragam vida, arrotam morte.
Vozes saem do oco da terra. É Suleiman em conversa
com Hudhud, a poupa, e Balquis?[22]

As formigas se enciúmam, afiam o ouvido.

Sinagoga Ohel Yitzhak[23]

Perguntem à oração e ela lhes dirá: É melhor eu ser dança.
Ainda se queixa o chão onde foi construída a sinagoga.
Choroso, acompanha-o o Banho da Fonte Alain, e às
vezes a Mesquita de Alaqsa. O mameluco Khan Tankaz,
ocupado em encontrar água para a ablução, acaba
por perder a oração da noite e se esgueira até a Praça
Buraq, onde contempla, por todo o entorno, os anjos
da tristeza.

---

21. Alcorão, 2: 136.

22. No relato contido na sura 27: 16-44 do Alcorão, o nome Balquis identifica a soberana do reino de Sabá. A sura menciona as conferências de Salomão com a rainha e a poupa Hudhud; menciona também o temor das formigas e, com isso a sabedoria e a reverência delas ao buscarem refúgio em seus labirintos subterrâneos evitando ser inadvertidamente pisadas pelo rei e seu exército.

23. Originalmente erguido como escola rabínica em 1870, o edifício foi danificado no decorrer do século XX e restaurado em 2008 como casa de oração.

Casa dos Hatzlam / Casa dos Sharon

De que vale uma casa sem água e ar? Não há pássaros
em volta. Chhhh! Há um soldado disfarçado de coluna.

Porta da Coluna, ou Porta de Damasco

E… se a gente chacoalhasse o dicionário e chamasse
de coluna a porta e de porta a coluna?
A Via Romana poria sua cúpula na Porta da Coluna,
levando consigo uma flor em direção ao Vale Cardo
Dicamanus.[24] Os bizantinos, os omíadas, os abássidas,
os cruzados, os aiúbidas, os mamelucos, os ingleses…
até hoje se ouvem suas vozes, e mesmo agora
podem ser vistos os quartos em que dormiam
e as camas de suas servas.

Gruta de Suleiman, ou Gruta Kattan

O vestido da mulher faz parte de sua pele?
Reconheço que a pergunta esconde uma dose de bebida
inebriante.
E Suleiman pode conversar com sua gruta?

Terra do cacto

Causa espécie o sofrimento da terra:
não a machuca; machuca quem lhe anda em cima.

---

24. Via em Jerusalém que cruza o país e termina em Beirute, no Líbano. Hoje, ruína homônima que preserva cinco colunas.

Mercado Khauajat

O que fazem as memórias passeando em sacos de lixo?
Par de calças: cornos de gazela.

Torre da Cegonha

Uma música chora nas asas das cegonhas. A dança se desculpa com seus ninhos.

Fonte Siloé[25]

A magia na Palestina tem um olho-d'água que o olho não vê.

Terra de jejum

Horizonte, não há nada de errado em postergar o jejum; coma, para que possa chover.

Vale do Fogo, ou Vale Hílua

Fogo no vale é o Vale do Fogo, e todo vale é um lago, menos Vale Hílua, incógnito.

25. Ou, ainda, Fonte Giom, Fonte da Virgem, a única fonte natural de Alquds.

Colina Dubur, ou da Cidade de Davi

Incrível!
Como a Cidade de Davi aceitou mudar o nome
para Colina do Mirante? Não se abalou o continente
da língua?
Tanques de guerra, bombas, ouçam o que lhes diz
a força: Primeiro lacerem as pessoas, depois os
demais seres. Mas façam-no com gentileza. Chamem
seus ataques defesas, ou esforços pela paz. Vocês sabem,
Deus aqui é um ser imaginário e Satã um ser real.
Gritem, então: Você, crente, deve fugir da realidade.
Por que vive nela?
Fuja, fuja para o que há além dela.

Fonte Umm Daraj[26]

Uma mulher, não peixe, não gênio, não sereia, vive feliz
nesta fonte.

Rua da Corrente

Fio de asas de pombas puxa, suave, uma pomba ferida.

Rua do Vale

Quem sabe como se esconde ela na voz dele?

---

26. Outra denominação da Fonte Siloé.

Via Dolorosa

Nada foi criado, nada se cria na Palestina sem partir dessa via.
O túmulo é um sêmen santo.

Domo da Rocha

Basta para a Palestina um grito para que balance sobre sua
cabeça o domo do mundo?
Basta-lhe suas lágrimas perfurarem a rocha da Criação?

Seu dia monta a égua da noite,
e sua noite, quem a monta é Buraq:
viagens — algumas são história;
outras, interpretações.

Em cada extravio um abismo é escavado para desorientar.
Ah natureza essa: feto-criança-túmulo,
túmulo-feto-criança.
Tomem-na em círculo, ou triângulo, como
e quando quiserem,
só há fim
nesse sem-fim.

Uma pomba soluçava abrigada no domo. E no domo tremulava
uma lâmpada. Parecia borboleta a ladear o fogo.
Homem e mulher se abraçam branco preta
aguardem a cor em cada parto.
Não levante o dedo, história; levante o dedo, eternidade.

Túnel (Fonte Siloé, Vale Hílua, Túnel Oeste, e mais)[27]

Túnel é você nascer onde quiser, antes de nascer. É você ter
raízes e linhagens onde você não sabe que haja ou que
tenham lugar. É você dizer é meu o que está em cima do
túnel e em torno dele, antes dele e além dele. O céu que
arrebente de raiva, diz o dono do túnel. E você diga a ele:
Escolherei o vento que eu quiser para que leve o tapete
do sentido; ordenarei ao espaço que ordene ao vento:
Seja macio, brando, obediente e saia de um túnel só
para entrar em outro mais extenso e profundo.
E você, morador, encolha-se dentro de casa, e saia só
depois que a luz guardiã que sai do túnel disser: Saia.
Pois não há como escapar de um túnel a não ser entrando
em outro. O futuro é túneis.
Nesse futuro crianças são caixas, bonecas, pacotes
minados, baratas explosivas, ferro cozido
com todo tipo de tempero.
Do túnel saem nomes em séries. Cada nome tem uma
roupa na qual vem inscrito este epitáfio: Do pó os árabes
vieram e ao pó voltarão.
Túnel é história podre.
Até mesmo se você deixar o túnel a seu vazio, você, que
só comercializa o que seja vazio, o túnel não o deixará.
Certos sóis saem só à noite, diz o túnel, enquanto lhe
estende a corda da perdição.
Volte seu olhar para o começo do túnel. Nele verá seu fim.
Túnel é outro caixão.
O caminho aqui é estreito mas não distante do Paraíso.
História — água artificial na qual nadam as famílias com
suas linhagens.

---

27. Ou ainda Túnel de Ezequias. Construído no século VIII a.C., conecta as fontes de água natural que chegam à atual Jerusalém, formando a Fonte Siloé.

Falou de tudo, mas não disse nada.
Um cego em forma de anjo se escora na porta do túnel:
É verdade o que se diz aqui?
Oh, como ousa falar?
Continue, cego:
O túnel está cheio de mulheres, mas úteros só mesmo um:
o útero de uma mulher chamada Eva, divorciada de um
homem chamado Adão.
Assim é também o túnel, tem uma só amante: a parede,
embora no túnel haja muitos túneis.

Continuamos balançando no vácuo do abismo, diz o cego.
Mal eu disse Alquds é uma roupa, o túnel emendou:
que os árabes avançaram juntos para vesti-la.

TORMENTOS

Perguntas

Por que cada átomo nas cinzas da Palestina é ferida aberta?
Por que essa ferida produz a vida, mas com instrumentos da morte?
A história da Palestina é um outono que abandonou o ciclo das estações?
Por que o rosto da criatura enruga na língua dos governantes árabes? Por que essa língua fervilha em trens que carregam caminhos sem saída ou fim? Por que esses caminhos são traçados por outros governantes que só lutam com árvores e água?

Mensagem para Ezequiel

Você, que é vidente, Ezequiel,
olhe, olhe mais. A desolação é ainda o pão de cada dia na terra de Deus. As profecias também se transformarão em cerco? Palavras cavando trincheiras? Visões fragmentadas em morteiros, bombas, vulcões de gás e fósforo? É verdade, vidente, que se tornou amigo das narinas do dragão? Estou para lhe perguntar: Encontrou Herodíade? O que tem a besta do tempo disfarçada de anjo da eternidade? E aquela pobre mulher, profecia jumenta, que tropeça e manca? Nós, filhos da escrava, o que faremos se toda a terra é escrava na mão das profecias?

O ferro inundou — subiu e desceu os degraus da oração.
Tumor e unguento são o Adão e Eva da vida; o dia são cílios em brasa, lapidados, em sua origem, pelos instantes.

Reservamos o ventre das mulheres para poupar os fetos
por ora?
Dizemos aos seios que procurem outro reino?
Os passos geram sucessão?
Ventres são túmulos?

Vidente Ezequiel,
só o trovão é digno de suas profecias.
Permita-me gritar, então:
Herodíade, Herodíade!
O sangue jorra das portas, das paredes, das janelas, e você
conhece bem o coração dos poderosos, os profetas e políticos.
Diga pois o que faz acelerar e acalmar esses corações, e
quando isso se dá qual é o segredo?
Não se gosta de uma rosa pelo perfume de outra. O pássaro
não voa carregando ninho alheio.

Terra é compaixão. Pó é fim e começo.
Mas por que os livros escamoteiam? Por que para cada
letra se coloca uma algema e para cada humano um freio?
Por que o céu só é visto possuído, marcado, tatuado,
vigiado, murado? Será ele um curral da língua,
baú em que se guarda o ouro das profecias?
Herodíade, Herodíade,
seu nome não se pronuncia sem antes se apagarem
os sentidos.
Você não é dança, não é amante, não é mulher.
Perdão, Ezequiel, perdão, vidente.

Consideração

Como você recebe a rocha com urina? Como você a recebe
com fezes?

Ande, cubra os pés com luzes, peça perdão.

("Água doce e ventos fecundos
saem por baixo da rocha da Casa Santa.")[28]

Profecias saciaram a sede do caos
jogando flores pelos caminhos, onde
poetas invadem como lobos, e nós, os árabes,
devassamos cidades para cantar em uníssono:
Com uma só cama abrimos pousadas,
com uma só pousada albergamos a terra.
Pés nas alturas, mais altos que a oração,
até o próprio Sol nos inveja. Graças a Deus, e a Ele
os nossos louvores por nos dar tais atributos.

Miseráveis meus pares! Não sou Ayub nem o Boca de Ouro.[29]

Ômega (palestino-judaico)

Bom que as estrelas da Palestina passeiem em roupas
desenhadas pelo jeans de Alquds. Bom que uma
estrela árabe deslize, coberta por um véu no rosto,
sobre o Muro das Lamentações. Bom que o cacau
africano sacie a sede das células nos descaminhos
da Palestina.
A nuvem atômica se dissipa. A fátua da hora é o *niqab*.

De onde surgem tão diversos punhos coordenados que socam
o rosto do Oculto?

---

28. De Abu Huraira (602–679 d.C., 21–59 H.), um dos companheiros do Profeta e destacado contador de *hadith*.

29. Epíteto do crítico e eloquente João Crisóstomo (m. 407 d.C.).

Da cabeça dos anjos? Do Inferno atômico? Do lixo do mundo? Da Bacia Sagrada?
Bacia Sagrada. A estrela do passado arrimou-se e nela o futuro foi cavado. A nuvem soprou no ouvido do poeta:
Não acredite. Como Deus descansaria? Numa cadeira?
Há cadeiras que O caibam? E cama? E travesseiro?
Ele monta uma mula? Toma a terra de um filho para dá-la ao outro filho?

Nada como a árvore para levar ao conhecimento, disse a natureza.
Aqui a referência é à árvore que Adão conheceu. Que não é nem Paraíso, nem Inferno, "não oriental, não ocidental".[30]
Mas cuidado, diz a natureza, atente àquela criatura alada atrás de você:
tem cordeiro nos lábios, mas em cada palavra que articula há uma faca ou machado. Aqui tem razão, poeta, ao duvidar de que sejam humanas as criaturas que levam entre os ombros cabeça adâmica.
Estendo-lhe uma corda para que suba nela, ou dance, do fim da terra até o começo do céu e do fim do céu até o começo da terra, disse a natureza, e há de destilar seu perfume-poesia, poeta, das ervas que viçam ao redor das ancas das mulheres. A própria mentira será a única verdade. E você, e outros com você, perguntará, não surpreso: Que espécie de massacre é este céu?
Que espécie de podridão é esta terra?

Hino para acolher o final

Tenho muitos fios grisalhos na cabeça,
mas nas entranhas só penugem da infância.

30. Alcorão, 24: 35: "árvore abençoada, oliveira não oriental não ocidental".

Pegue sua alquimia, poesia, e eduque-a, guie-a, ensine-a
a misturar nossos corpos com nossos sonhos,
a tornar digno o tempo de nossos dias e nossas noites,
a arfar os segundos em nossas veias como arfa a égua
selvagem.
Em seu nome despojo-me de mim para ser eu mesmo.
Em seu nome sou alegria e tristeza num só soluço.
Calarei nos lábios seu segredo.

O céu é como a pintura única de um museu, o da terra,
e todos disputam o atributo de ser seu único ladrão.
O teto treme, e quase cai, nas alturas do sétimo céu.
Será preciso outro grande papel para prostitutas
e prostitutos?
Em nome do céu devemos acordar do sono Ayub, Irmiya
e Ichiya[31] para reverem seu sofrimento na Casa Santa e
testemunharem como em seu tempo foram livres e felizes.

Vá embora, céu, agora,
dê-me um tempo. Preciso reaver meus membros.

---

31. Nomes corânicos de Jeremias e Isaías.

HINO À SEDUÇÃO DO NADA

Não creio no juízo coletivo,
creio na luz que irradia, penetra, aponta.
Árvore da sabedoria, como posso
confraternizar com a floresta de Alquds?
O que é que só aparece em funeral ou montado em trono?

A calamidade ainda não chegou. O dilúvio ainda não se deu.
O Mediterrâneo se prepara, os oceanos vociferam
e se chocam.
Quem ofertará essa cabeça de mármore ao senhor
das artes? Quem dirá a Aníbal que Roma o derrotou
mas que é ele quem venceu e que de sua cabeça desponta
um novo dia?
Meu corpo não é etéreo, é pó e osso, física de veias
e artérias. Habito uma cabana de fumaça. Visto-me
com nuvens. E em vão tento curar o céu.
Criminoso, vivo a inocência da chuva. Desta vez minha
culpa é aspirar à luz.
Feche-se então em meu rosto, céu. Meu trato é este:
já não me verá à sua porta.
E a vocês, astros, não pedirei que sejam escada para
meus passos.
São tantos os astros nas minhas entranhas.

Cante, apaixonado.

A garganta é sua amante? Sua amante é a garganta?
Não responda; cante.
Das mãos do deus do tempo, rola abaixo, de pedra
em pedra, o tempo.
Seus filhos formam montanhas de choro.

E você, sobre sua cabeça, vejo uma estrela a apagar-se
e vejo velas a esgarçarem-se nos lagos que sonha.
Cante.

De suas estrofes se ergue uma onda. O canto flui e reflui.
Graças ao canto. Graças à paixão.
Neles, acerto e erro são gêmeos, e verdade é ferida
em comum.
Soa o sino do sentido,
mas há quem o escute?
De que nos vale, Sol, que nos estenda a mão?

Cante, apaixonado.
As profecias fogem enciumadas.
É você quem seduz o tempo.

De fato. O espaço em Alquds tem formato de jaula: o universo
inteiro em mil metros quadrados!
Pilhas de papel, deixadas nos entroncamentos, em forma
de livros, retangulares. Caudalosa, flui nessas pilhas uma
tinta na velocidade de vinte séculos nas letras, trinta nas
vírgulas e incontáveis nos pontos.
Pilhas que a poupa Hudhud de Suleiman bica linha
por linha!
Os livros sagrados caíram no poço?

"A rocha de Alquds é uma rocha do Paraíso."[32]

Romanos, coptas, assírios, caldeus, siríacos, católicos,
armênios, etíopes, curdos, turcos, circassianos,
africanos, magrebinos, refugiados, camponeses,
urbanos, judeus, árabes,
umidade, calor, faláfel, incenso, assentamentos, ocupações,
pombas, pombos, carros, Pepsi-Cola, minaretes, sinos
num só quilômetro quadrado!

"Na Porta Santa as almas se aglomeram para ouvir o veredito."[33]

"Aos peregrinos ou visitantes que vão da Mesquita de Alaqsa
à Mesquita Sagrada Deus perdoará as faltas do passado
e as faltas do porvir. Servir-se-ão do Paraíso."[34]

32. Ibn Abbas.

33. Abu Darr.

34. Umm Sálama, esposa do Profeta.

A casa se despede das memórias. A poeira do entorno
se levanta das frestas
num vento que revira a cabeça dos dias,
na violência de gafanhotos que devoram as plantas
do tempo.

Mulheres plantaram seu ventre na terra do sonho
e delegaram a Deus a colheita.
Algumas dentre elas morrem ao cair da noite e nascem
com a aurora
e outras escrevem o suspiro do apaixonado na paciência
de um sábio.
Outras, ainda, levam um pano sobre os ombros, que julgam
ser estola.

Só se ouve o som das tormentas batendo no metal. A luz salta
confusa de um metal para outro.
Fantasmas de diversas formas se desfazem-refazem
na axila do espaço.
O Mediterrâneo parece às vezes um trono dinástico
e às vezes o Trono Divino.
A era é gordura que a mão descarnada disputa. O desejo
assenta o corpo no metal e a alma no asfalto.
Você, água,
é verdade que deixará o barro?
Noite, espalhe suas estrelas por cima de Alquds.
Os profetas da vigília dormem entre os corpos. O barro
estanca aos pés da cidade e se reparte em desertos
e túneis.
O que será daquelas tábuas que caíram do céu?
E dos demônios e seus exércitos? E dos anjos
e seus deuses?
E da terra e seus filhos?

Alguém mais conhece Alquds além das estrelas?

IMAGENS DO SENTIDO DE ALQUDS

Paris
15 de março, 2012

PRIMEIRA IMAGEM

Como nos desculpar com as rosas que pisamos
deitadas em torno dos cílios desta cidade?
Caminhos fechados   livros sangram
na lama há gritos que nossa língua não sabe articular.
Como dar ao botão seu último travesseiro
e passar nosso amor à altivez da pedra?
Mansa e selvagem é a matéria chamada sangue
da cidade
sangue que escorre na gruta das palavras e o olho
não vê.
Dê sua garganta, espaço, a uma pomba de asas
quebradas
camuflada no cristal de nosso alento e abra-nos
seu peito.

Muito sangue a ler e escrever
escombros a improvisar cor e imagem
mulheres a nadar no lago da memória
pó de militar   suspiro de quartéis.

O que faz, eterno, quando varre o efêmero com as pontas
da vassoura e o joga ao forno do terror?
Por que dá de beber aos anjos só veneno de demônios?

Ele não sabe pegar em armas;
desenha suas feridas nas asas da luz.

As coisas têm um fim
escada abaixo do sem-fim
dias são cadernos que espalham
folhas por distâncias mudas.

Como ensinará seu rosto
a voltar à primeira infância?
Brasa nas entranhas   brasa na história
brasa nos passos.
Que pacto é esse entre o céu e a moeda?

SEGUNDA IMAGEM

Vá em frente, estrangeiro, entre na cidade
venha de todo canto e toda direção
are plante colha   o que quiser
quando quiser   como quiser
chegue mais   bem-vindo.
O caminho é todo ouro a extirpar a razão   e prata
a erguer castelos de prisão   no ar na luz na água
a lei serve a todos   menos à mentira
mestra do universo   e para a honra não há lei
é duro como sofre, ó honestidade.

Com os lábios de um pão chamado real,
cujos dias e atos a mão de uma moeda escreve,
quais são suas cores, ó pintura da realidade?

TERCEIRA IMAGEM

O céu árabe na rua é nova Helena?
Seios nus   coxas indóceis
dos deuses descendem todos seus amantes
sem medo   sem intermediação   ataquem
o tempo só pode rezar a prece dos mortos.
Quer ser descrito como crente?
Mate então.
O que é esse fantasma canceroso vestido com o real
entre as águas do Golfo e as águas do Atlântico?
Passante, o que prefere?
a magia da imaginação ou a magia da língua?
Que presente é esse que desperta o passado e reordena
dias e fatos?
Como pode o alfabeto acolher tal natureza, manuscrito
de areia rasgado e espalhado entre os dedos de um
furacão cego?
Só se ouve o som das tormentas batendo no metal.
A luz salta confusa de um metal para outro como gaivota
que treme de pavor. Pequenos fantasmas fervilham na axila
do espaço. Pneus parecem se mover usando corpos de
gente. E de longe os campos parecem travesseiros e leitos
de tronos dinásticos, reinos dilatados pela vontade de Deus.

Despenteado e empoeirado horizonte.
De seu colo pende uma corrente pontiaguda: é o ferro
só que diz a verdade.

QUARTA IMAGEM

A lama se avoluma e para.
Moldada se divide em tribos
quadros lendas números façanhas.
Cada fruta guarda um demônio que espia.
A fruta primeira é o rosto.
O tempo se alquebra. Onde está o lugar?

A história vem a convite das cinzas
e desborda   olha   pergunta
caminhos escurecem   portas se abrem
palavras são bombas e orações
não há cor nas cores que as asas dos pássaros
normalmente exibem na linha do horizonte
não há asas de pássaros
não há pássaros.
Como confrontar a brutalidade interna com a externa?
Acusador e acusado: como viver entre dois extremos
que disputam matar-me?
Acusar e matar é esporte nacional?
Você quer ser honesto hoje? Então minta.

Os antigos se esmeravam na arte do embalsamamento.
E embalsamavam não só os corpos como também
as mentes e ideias.
Em vias de dominar a mumificação da luz exterior
e interior
eram invencíveis: assim descreviam a si mesmos.
As casas que levantaram e deixaram de herança
para seus filhos
não têm cadeados: elas mesmas são cadeados
e guardam os ancestrais em sua sombra

enrolados como rolos de registro
trazidos de geração em geração
de casa em casa
às vezes na roupa, às vezes nos pratos e colheres
as mais das vezes nas mentes ou nas línguas que falam.

Homens, ferramentas, tanto faz.
Dizem deles que não cometeram nenhum erro na vida,
que só deixaram aos filhos suas façanhas.
Bem-aventurados os passos de seus pés
a se moverem como navios no dorso das nuvens.

Lucro antecipado no júbilo.
O que fazem as balanças   o que dizem as luzes
que disparates contam tais sedimentos adâmicos?
Dizem deles que viviam num todo axiomático e pleno
recostados em colchões de tartarugas.

Fatos por vir!
Não terão chance de percorrer o caminho deles.
Mas o exército da natureza não para de avançar contra
seus castelos,
impulsionado pelo exército do natural.

Estenda-lhes, você também, seus cuidados, ó vazio.

A água deles não escorre:
não quer, não gostaria de conhecer seu irmão o ar.
A própria língua que falam queixa-se chorosa:
Em cada palavra minha
há um tirano e alguém que perde o pescoço.
Em cada letra minha
há um devorador e um rouxinol morto.
De onde me vêm, angelical, eu,
os dentes de demônio?

Dizem: O universo todo está preservado em palavras
gravadas no tronco de uma macieira que a flauta
da terra entoa...
Flauta que vira, como a cobra, um cajado, diz
um passante que não revela o nome.
Conheço, músculo por músculo e célula por célula,
o corpo,
mesmo assim perguntarei a esse passante:
De onde lhe vêm esses lábios?

Muitas perguntas insistem em que eu as faça aos antigos
mas nem tudo o que respondo me obedece.
Procurarei ser amigo de todas as perguntas
sem dar trégua às respostas.
Não me basta o que me dão os passos da história.
Preciso de outro suprimento, o
que a história do corpo me dá.

Dúvida, passeie em minhas entranhas, irmane-se de mim.
O que faremos quando as coincidências forem
só elas as provas?

Zuhra, estrela, ilumina o calcanhar de Zuhra, mulher.[35]
Cão e Lua se entreolham: ele late, ela sorri.
Por que treme nos quadris, cidade?
Já sabe então por que o céu se move às vezes
como cortina
e noutras como girassol?
E você, bem-acabada, plena e perfeita estrutura,
conduza-nos — mas para onde?
Onde está a música da separação?
Onde está quem nos acompanha no caminho até a toada?
Matar é o esporte dos esportes
matar com o olho   o dente   e o nariz
matar com o peito   a mão   e o pé
matar com a língua   e a palavra
com a cadeira   com o pão   com um gole d'água.

Matar o tanto que puderem
matar para melhorar a descendência
e para aperfeiçoar o entendimento
— foram mortos   foram decepados.
Ah essa cabeça, tirem-na da mesa
ponham-na de lado   examinem-na
certifiquem-se de que não guarda ideias ou sonhos
que possam turvar a imagem a partir da qual, dizem,
o Criador imaginou Suas criaturas.

Matar: ato de reprodução que alarga o céu
e faz viçarem cidades com palmeiras

35. Zuhra é o nome árabe da estrela Vênus.

verdura   verdura   verdura
suor que escorre do peito dos dias
bandos de lobos e coelhos a escalar o tronco da história.
É amiga a fumaça das bombas
é densa   é abundante.
Tempo é onça flácida, decrépita.
Sem orelhas, sem dentes, sem presas, sem ombros,
como poderá estender a mão para receber a morte?

Ataquem   avancem   devassem as casas pelos telhados
e junto no corpo da língua que entre a vaca do cirurgião
e entrem seu touro e seus filhos   entrem ruas
e vielas
entrem e deitem-se em cama imaginária
e juntos as imagens em rebanhos e os pastores do sentido.

Escute-me, língua,
quero bater a bigorna da folha
com o martelo da tinta.
Pense, poeta, no metal místico e na chama
que acende os versos desse metal.
Pense na lapidação que não para de sonhar e dançar.
Pense no léxico que as línguas da morte
e de seu irmão o céu reinventam.
Pense na cidade enviada de cima
como a soberana das cidades.
Pense e deixe os pensamentos fermentar sob um
véu sem cor.
E lembre-se e faça lembrar: o elefante da Hégira
chifra os caminhos e o casco das cáfilas
urr vurr urr vurr
rugem os anjos quando furam as paredes do mundo.

Não há Babel   há ruas e casas
chamadas cemitérios e cavernas.

Não há Babel   há história étnica
    de membros não locais.
Não há Babel   há um dorso de fênix quebrado
    debaixo do fantasma das cinzas.
Não há Babel   há dias denominados escombros
    que ídolos verdes adulam.
Não há Babel   há Babéis.

Alma minha que partiu e que ainda não voltou,
    direi como os outros invente-me ó fantasia?

SEXTA IMAGEM

Cordas trançadas pela história da matança
pendem das marquises das cidades
nelas nos penduramos e à nossa volta
pássaros de asas cortadas nos perguntam irônicos:
Por que e como não voam?
Fantasia   fantasia
Duvidamos: temos mãos e pés?
Há mãos e pés além dos formados no útero da matança?

Pode ser que você chamado gente seja chamado peixe ou rato
pela política legal que o transformará em saco de lixo
para socar doutrinas. Nesse momento você escutará
Adão dizer-lhe: Meu filho!

Não, não me abduzirá a atração da matança.
O quê dirá de mim, Terreno de Deus, e o que fará?
Permanecerei tomado, isto sim, pelo piscar das brasas
na cava do amor   tomado
pelo amor.

SÉTIMA IMAGEM

A morte prolifera   a morte amontoa
um túmulo retrocede   e outro avança
uma lápide lê a natureza e além dela
os nervos do céu fervem no corpo da terra
instinto é paraíso coroado por chumbo
reaja, prata, diga às crianças que se transformem
em trincheiras
e às mulheres que se infundam na massa do desejo
a morte amontoa   a morte prolifera
devagar, bússola, devagar, não pare, porém
a música das balas começou a criar o elogio dos mortos
uma estrela monta um cavalo e passa sob um arco
no colo leva uma boneca chamada política, política
serva dos desejos sob um céu que abraça a oração
e a adula com afagos. Quem vai pôr à prova
aquelas ruínas que romperam sua aliança com Deus?

Montanha a correr como vento.
Rio a subir para beber nuvens.
Primavera, o que faz nesta cidade
entre crianças queimadas ou mortas por asfixia?
O que faz numa língua que se recusa a ler outra coisa
que não seja outono?
Você por fim, Inferno, em que céu mora,
de que céu cai?

Zócalo

Cidade do México
25 de abril – 10 de agosto, 2012

O SOL GOSTA DOS
CAMINHOS DE MAIA

O Sol

gosta dos caminhos de Maia.

Hotel La Casona. Do quarto vejo como o Sol deposita os
primeiros passos na soleira da Cidade do México.
Vejo as árvores saudarem seu rosto em quase silêncio.
A noite deu baixa do hotel. Saiu deixando rastros na minha
cama, que eu não soube ler, me garante o Sol.
Na rua, em companhia do sol da Cidade do México,
preciso carregar umas árvores nos ombros para seguir a
caminhada. Preciso também de uma hipérbole que irmane
Mayya e Maia.[36]
Preciso errar nas profundezas.

36. Mayya, nome árabe de mulher, conhecido desde a época pré-islâmica.

Onde me apoio?

Na quadratura do zero? No triângulo do desejo?
Nas pirâmides do éter? Nas tendas da história? No sopro
que evapora das tumbas? Na pomba faminta? A flor tem
outra cova que não lembre colo? A borboleta tem outra
coisa que não seja chama? Pergunto como acaba este
mundo? Ou como iniciou este inferno?
Faço-me amigo dos lobos da natureza? Mato quem
se esgueira sob as minhas unhas? Ajusto a visão à
percepção, e esta àquela, e sigo até seu reino mais
distante o perfume de uma rosa a morrer.
A roupa do céu começa a empapar com as feridas. Céu
miserável esse, aprende nosso canto e nos acompanha:
Passa o pássaro,
a gaiola não tem fim.
O Sol gosta dos caminhos de Maia.

Manhã, 22 de abril, 2012.

Guardas da fronteira recebem quem chega ao país como
margens que acolhem as ondas. Quem vem à Cidade do
México é hóspede de Maia. Ela espalha sua luz irrestrita.
Quase ouço seu céu se perguntar como pode resgatar
a infância.
É de Maia a língua que se espraia entre o aeroporto
e a cidade, nas ruas que Jenifer e eu percorremos
até o Hotel La Casona?
Essa língua diz:
É mais bonito para o *alif*
esquecer seu passado
e reaprender as regras
da conjugação do futuro.
Também diz:
Minha mãe agora dorme com um oceano sem chifres
nem rabo.
E diz:
Globalização é oceano de plástico. Pode profetizar, luz?
Cidades, rufem os tambores da insônia!
O Sol
gosta
dos caminhos de
Maia.

Coloquei a mão no bolso do Sol e me rendi a seus raios. As ruas
têm asas e entre elas os passos do real se espalham. O dia
tem mais de um corpo. O ar aqui está preso num chapéu?
A poeira do ar também tem um lenho no qual se pendura
o homem?
Entre Capricórnio e Sagitário acendem e apagam muitas
constelações do sentido, e cada uma balbucia: É minha
imagem, é minha imagem. Mas o sentido abre suas portas
para todas as imagens:
pessoas que prendem livros sagrados em potes cheios
de anjos,
pessoas que queimam hereges e jogam seus restos
no intestino dos demônios,
pessoas que cozinham profecias no cobre dos templos
e espalham seus temperos aos quatro cantos do mundo.
Isso é religião, ou mundo que rói os ossos do céu?,
um herege se pergunta um pouco antes de queimar.
Onde está o artista que retrata os deuses dos fiéis?
As estrelas riem de nós. Riem sempre que despertam,
e toda noite antes de dormir deixam ervas secas em
nosso prato, sinalizando sarcasmo.
A vaca do céu é para fornicar.
Nem é preciso perguntar onde estão seus bois, Terra.

Profetas beijam as paredes, e a língua deixa ver seus carcereiros.
Nem a flor se casa com o tempo, nem a coruja bica as
entranhas da noite. Dentes irrequietos, a igreja morde
firme os Evangelhos, a maternidade da Torá, as orações
que vertem seus rios nas artérias do tempo.
Assim, ela pensa, controla o timão das nuvens e embala
entre os seios a cabeça da humanidade.

O ar neste instante está de luto.

Meu olhar se move devagar na superfície do real.
Eu deixara a percepção para a luz das lendas. Imagens
não sabem o que é o silêncio, mas quando falam
sussurram. Olhos são cerejas pretas, e passos pontes
de pó.
Por que embriagamos o tempo com jarras de sangue
e ânforas de átomos? Por que só sabemos dançar
pisando o corpo de um amigo ou amado morto?
O Sol gosta dos caminhos de Maia.

Asas são gelo,
e remédios, doença.
O ar cheira a agonia. Abismo, a vida descamba em outro
abismo cavado pelo Oculto. Às vezes a morte é nuvem
e às vezes é tenda neste vazio chamado tempo.
No vazio há outro vazio, cheio de números,
vazio único, que não esquece o que prometeu.

Ruas dançam nos ombros dos passantes. Passam como aviões de papel a arrastarem corpos nas margens do horizonte.
Cada passo tem dois lábios, um a fugir do outro.
Cada coluna tem dois olhos. E cada pedra um pulmão que sopra a fumaça da história.
Você olha para o espaço preso no teto da cidade e só pode gritar:
Ainda assim, tentarei morrer enquanto uma rosa desabrocha diante de meus olhos.
Assim deixei meus suspiros: consumindo-se, enquanto pensava em acrescentar outra corda para a cítara do sentido.
O Sol gosta dos caminhos de Maia.

Maia,

imagino-me a atravessar seus limites e seu pretume de
ébano, enquanto crio duas mãos e um pescoço para a luz.
Anêmonas abraçam o carmesim desses limites.
Com as veias dessa flor e com os bulbos de narciso,
ergo barreiras dúcteis e fortes para proteger do vento
a profusão de perfumes e proteger dos fios de chuva
a roupa das nuvens.
Na primeira barreira paro e vejo os deuses passar e atrás
as caravanas.

Uma flecha se agita, além dos confins, sob as asas de uma águia.
Um arco soluça sobre um vale, e você não sabe como
consolar. Nisso, a Lua inscreve o fluxo do sonho,
os pássaros observam o refluxo.
O natural cria em celebração da natureza. A natureza
se inflama em celebração do natural.
Nesta noite verei água e fogo compartilharem o mesmo
travesseiro.

Percorro as salas do Museu de Antropologia da Cidade
do México, como a ler o céu e a terra num mesmo livro.
Dos desenhos e estátuas, das máscaras e paredes
saltam línguas que levam a minha para voar em direção
a outros lados do mundo, aqueles que só um olho criado
pelas galáxias do Oculto sabe ver.

Uma gaivota dorme no colo de outra.
Uma onda descola do colo de outra.
Praia: estrado de criaturas que vagam vestidas com roupas de banho.
Calma, calma, borboletas do sentido. Imagens improvisam asas, o espaço improvisa a tinta.
Assim coloco as coisas entre parênteses e abro um caminho entre os símbolos. Selei cavalos que não toquei, toquei astros que não vejo, as montanhas ao redor se agarravam às nuvens.

Nunca fui amigo de lagartos que desdenham o céu e confraternizam com as fendas da terra. Nunca acompanhei sapos em sua jornada até o lago da noite. Nunca usei outra máscara além de meu rosto. Pus meu cotovelo num travesseiro imaginário e disse à minha arabidade:
Atente! A guitarra de um pássaro asteca ressoa no ouvido do tempo
e na lua quase oculta um lobo triste dá por acabada a luta com os pastores.

Leques cegos, ao longe, improvisam o ar. Mortos habitam
cabeças e corações.
Mortos nas calçadas, nas lojas, mortos nos livros, na tinta,
nas folhas, empilhados, amarrados com cordas celestiais,
a tragar o fogo que ateiam no corpo dos vivos.
Imagens humanas,
ao longe,
barro selvagem!

Trótski.

Antes de eu entrar na casa dele, onde foi morto e
enterrado ao lado da mulher, Natália Sedova, eu dedicara
um par de mamas entre os braços para a revolução.
Fui observar o Sol insuflar seus raios por todos os lados.
O sangue da gramática e das conjugações do meu árabe
jorrava como um rio que brota da galáxia dos cármatas
e não encontra foz. Eu imaginava a história como uma
letra pendurada feito pedra que pende do corno de um
touro preto.
Na casa, deparei com uma guitarra que jorrava suor
das cordas enquanto as árvores batiam palmas. Com a
mão esquerda o céu jogava dados na testa do horizonte.
As gaiolas de coelhos, de que tanto gostou o Comandante
e criou no jardim daquela casa, distanciavam-se muito
daquelas jaulas de que Stálin gostou e criou no jardim
da primeira revolução socialista.

Trótski,

adorável bengala jaz quieta em sua cama. É testemunha
de seu assassinato.
São testemunhas também seus óculos quebrados,
os vestígios de sangue, as camisas, os sapatos, as xícaras,
a máquina de escrever.
Ramón Mercader Del Río,
o que fizeram suas mãos, assassino, e quem é você?
Trótski, as coisas são assim!
O dono da terra espera que alguém lhe dê esmola com
um arado (esta é a novidade do Ocidente americano).
O dono da terra tem guarda-costas (essa é a novidade
do Ocidente europeu).
O dono da terra é expulso de sua casa e de seu campo
(essa é a novidade do mundo capitalista).

Trótski, as coisas são assim!
A chaminé da história fumega no rosto do Criador,
e as pessoas são folhas dispersas na fumaça.
Cobriram o corpo do Norte com a roupa do Sul.
Rasgaram o ferro do Ocidente com a seda do Oriente.
Trótski,
mesmo assim, acenderei como uma vela este céu
e gritarei:
Profecias são noite chegando
e o homem, começo do universo.

Entre Trótski e Frida Kahlo
há uma cadeira de rodas,
e cores, e livros, e lápis. E há um espelho e uma cama.
Ele agora recebe a máscara dela. Máscara extravagante
deitada em lenço também extravagante. Casa museu,
na qual a força vital radia mais rica e intensa que a força
da arte.
Frida, Trótski,
o objeto dura mais que seu fabricante. Brincadeira
da sombra ou da luz? O que comunica, paixão? O que
pensa essa obscura chamada revolução?
Frida, Trótski: outra água escorre dos lábios do bruxo
d'água, Chichen Itzá.

É bom você dançar, tempo, em cima das palavras. Faz bem,
você, mar, em abrir espaço para o Sol soltar as tranças
entre seus braços.
A Cidade do México e as cidades suas irmãs só estarão
libertas depois que incorporarem os habitantes
originários e os remanescentes da conquista,
não na unidade da tolerância, mas na unidade
da igualdade. Hoje o mundo é assim: pirâmides
gigantescas de corpos esmagados por máquinas letais,
argila vertida na goela da língua, história arrastada sob
os pés, não se sabe ainda como chamar.
Bom dia, Trótski, e boa noite.
O Sol gosta dos caminhos de Maia.
Marx! Itzamna!

Trótski não esperava que as árvores e janelas fossem pegar
em armas para defendê-lo. Dormia com o livro do futuro
entre as mãos. Quanto sangue derramado em celebração
de sua vinda, futuro, e você nem chegou. Como quer
que seja sua tumba, futuro, que morte você quer ter?
No lugar do céu, coloco um grande pátio de pedra,
do qual sobressai o âmbar dos continentes. E em vez
de dormir em cama de anjos me reparto em asas e
relâmpagos.
Linho damasceno para tecer outras vestes para os deuses:
golas são estrelas, mangas são galáxias. E em horizonte
sem rugas, o Sol: lagarto vermelho.

Muitos livros numa só lápide. Muitas tumbas num só livro.
Não dirá, Sol, onde se guardam os registros do tempo?
Quem verte o tumulto das eras como vinho sublime
na jarra das lendas?
Há tempos carreguei meus lampiões com o óleo
dos confins e das árvores que os seguem. Descendo
da família dos errantes. Sim, neste inferno de mundo
profecias da solidão são facas que devo engolir aos
gritos: É bom, sim, seu mel, facas.
A cada pescoço as mãos levam um serrote.
Não
basta a erupção dos vulcões, as ruas sussurram.
Respirem com meus pulmões, árvores envoltas pelas
nuvens da história. E saudações às moças e moços
vindas e vindos de Maia e de suas irmãs.
Minha cabeça
nada
num lago
de vinho
sublime chamado Maia.

Lago sem margens, com barcos livres. Rebelião das palavras
contra os significados e das letras contra as palavras.
Um pé de cacto, que guarda em seus frutos as aflições
de Maia, agarra meu calcanhar,
e o Sol, que me lê com seu olho, une o horizonte a esse cacto.
Diga, natureza: Não há solidão na natureza.
Diga, vida: Não há solidão na vida.
Diga, existência: O só é um nada; no começo era a multidão.

Tampico. O Golfo. Minha primeira viagem ao México, 2004.
2012, hoje, o Golfo do México tem um forno alimentado
por água. Crianças explodem com os brinquedos
de plástico.
Que proveito há em furar o céu com pregos da oração?
Música, orquestra
de pratos de bronze, azulejo, tinta azul.
Deitem os mortos no peito dos vivos, vertam os vivos
nas jarras dos mortos e, sob o guarda-sol dos deuses,
que fale cada um como se fosse o outro.
Guerra no pão e guerra na água, guerra entre os dedos
de uma mão e de outra. As formigas aplaudem. Aranhas
tecem as bandeiras da vitória.
Lobos acenam em deleite aos anjos.

Palavras são vacas magras que têm mortos e vivos debaixo
da pele deitados na mesma cama. Aqui não se contam
números; são tomados às colheitas.
Miscigenação de números! Mestiços! É em seus passos
que o tempo anda. O tempo não espera por ninguém;
anda descalço e apressado nas margens da língua.
Invente seu próprio tempo, língua.
Só por metáfora a cabeça está em seu lugar.
Ela está entre os pés, vive a rolar, e em cada curva
um deus a vigia e conta os dias que lhe faltam.
O que faço se a morte gosta de mim, especialmente
quando viajo, eu que só gosto de morar viajando?

Incenso ascenso: mulher jarra!

O Museu de Antropologia na Cidade do México é também massa mescla e um par de mãos que engendra.

Deus escorpião!

Sapo guardião!

Buraco fundo no corpo é umbigo. Abismo topo! Onça jacaré. Garçote. Tuiuiú. Boca incrustada de jade.

Devagar, Antropologia, devagar!

Tumba é outro nome para cama. Tanto faz andar sobre os pés ou dormir, a cabeça encostada em pedra ou poeira, você só tem o que é no momento.

Tempo é o que você está nele, diz a Cidade do México em língua
sufi árabe. A diferença de existência é uma diferença
de grau, não de gênero.
Ninguém sabe falar como um sapo em vigília nas
imediações dos ombros ou das coxas de um lago.
Ninguém sabe se alongar como onça ou serpente.
Ou escapar como escapa o jaguar.
Seja humilde, animal chamado homem, ainda que seja
depois da natureza o criador mais poderoso.
Suba, mas haverá de cair. Não permanecerá onde terá
subido, salvo se morto.

Tianguis!

Dados tocam música, a água ensina ao oceano como
e quando dançar. O Paraíso só descansa na cama
do Inferno.
Por quê, horizonte, tem a camisa larga e curta?
Os pássaros combinaram esta manhã: vão lhe tecer
roupa nova.

Nada morreu, tudo se transformou. Maia ainda dança, desenha,
esculpe. E você, animal falante, como pesa! E é tão leve.
E tem andado assim: rebelde, incansável.
Uma mulher amamenta a Lua.
Um pintor conversa com as plantas.
Um escultor namora a pedra, repetindo: Sentido
é movimento em direção.
Sentido é você ser a um só tempo dia e noite.

Tianguis, o nome, não a coisa.

O Sol fecha suas pálpebras diante das crianças que vendem o que a mão indígena cria. Criações de prata, algodão, madeira, pedra preciosa. Criações da natureza, da terra e do mar recriadas em miniaturas: diante delas, a primavera parece túnica pobre.

Tianguis!

O lugar onde nos movemos cobre o tempo com uma ferida aberta. E vivemos assim em gaiolas de vento.

Não há céu para as nuvens. Ele inteiro está na mão delas.

Invento umas tranças para minha amiga, como as que pendiam sobre os ombros de Mariam.

E o artifício vira verdade.

Nas tradições de Maia, os deuses só dormem de pé, no topo
das montanhas, no interior das fontes e da terra.
E nas matas de milho. Cada espiga é um membro divino.
Cada grão de milho guarda um menino que se desgarra
de uma menina. E cada menina guarda um deus. O sal,
nessas tradições, é sêmen em pó, e o sêmen é sal celestial.
Milho é átomo do destino. O milho da Cidade do México
é o sal de Qassabin.[37] Templo das Onças-Pintadas!
Deuses do Milho!

---

37. Aldeia no noroeste da Síria, onde nasceu o poeta.

Pedra do Sol! Deus Sol! Tonatiuh!
Deus Morcego!
Deusa Lua! Mulher Milho!
Tratem a vida como a mãe da morte
e tratem a morte como eterno conceber da vida.
O homem é morte com duas mãos e dois pés!
Universo, conceda-nos mais e mais oportunidades
de entrar em seu vazio.
Precisamos redescobrir esta terra.
Preparem-se, então, para apagar todos os caminhos.

No Museu de Antropologia, ouvi a Pedra do Sol dizer não à
Lua crescente. E vi a flor de cacto beber o mel
do Sol. Na minha imaginação, pássaros davam festas
em casas particulares construídas pelo espaço.
A imaginação!
Pendurado na parede do universo, o relógio da vida
implora aos ponteiros.
A vida neste mundo se transforma
em papagaios de palha?
Mundo? Último jantar que a noite serve ao dia.
Os convidados vestem túnicas em forma de peixe fêmea.
A água que nas manhãs desce da montanha da noite
chegou montada numa égua em forma de vaca selvagem.

Gostaria que as letras do meu nome confraternizassem com
as letras escolhidas para os nomes de netos e bisnetos
de Maia. Gostaria que meu rosto se misturasse com
o ébano de seus rostos.
Marie José Paz
e Octavio, o que era aquela luz mendiga à porta da noite
no ateliê de Frida?
E por que Trótski criava coelhos nos últimos anos
de sua vida?
Para lembrar o que restou dos lobos da revolução?

A imaginação! Tianguis, o real:
rosa da velhice, nervo de estrela pulsa no corpo do ébano,
luz sêmen fecunda os caminhos,
uma dança recria o corpo da mulher.
Vá com abelha morar em ovo de formiga.
A imaginação! Sob nuvens de suspiros, o dia acorda
apoiado no flanco de uma rosa.

Enfim estará a sós, meu irmão índio vermelho, mas nada
o dispersa tanto quanto a solidão.
Ego é pó, não semente, ego é nuvem cósmica.
Antiguo San Ángel Inn,
Giselle, César Afif. O Líbano na língua e no coração!
Pequeno restaurante de bairro histórico. A pessoa entra
e já se mistura com o pó e o ouro do passado.
Desse passado veem-se cavalos selados com estrelas e
nuvens, com montanhas e lagos a puxarem a carruagem
do tempo.
Não é o efêmero que precisa do eterno, é o eterno que
precisa do efêmero. No restaurante você depara com
quadris em forma de asas e quadris que falam a língua
das nuvens.
Destaque para uma mulher: a cabeça é um bosque
de flores; as coxas, bandas de um vale, que é mais
montanha; e o peito, ringue para as éguas do desejo.

O Sol arrastava o corpo na vidraça das janelas, no tronco
das árvores. Fui puxado por seus raios. Não sei como.
Nem para onde.
Fora do restaurante, vassouras e lixo lutavam.
Liberte-se, pó.
Fora é como barcos sem velas,
um fora, porém, cheio de imagens da infância da terra.

Todo libanês no México é uma cascata dentro das Cascatas
de Água Azul, que a árvore de Snoubar inveja: pela cor.[38]
O espaço em torno das cascatas pasma, humilhado,
em vertigem celestial.
Fantasiávamos, no restaurante... perguntaríamos
a um libanês, nascido nas imediações dessas cascatas
e nelas morto, diluído, derretido: Por que Maia oferecia
crianças em sacrifício aos deuses? Imaginávamos a
resposta: Talvez porque os deuses fossem desse jeito,
crianças.

38. Snoubar é o pinheiro-manso, árvore cujo fruto, pinoli, orna a culinária mediterrânea.

Mesoamérica!

Dissemos: É por isso que a religião em nosso Oriente
ainda é briga? Mandíbulas de camelo raivoso, em boca
humana. Cabeças de basalto, de jade, douradas,
de homens cuja fé faz seus olhos e lábios tropeçar nos
pés do céu. É por isso que a eternidade em nosso Oriente
só ganha corpo na forma da vulva matrimoniada?
Cante, ó mulher de Potifar!
Mesoarábica!

Museu ao ar livre, a Cidade do México amalgama pessoas,
árvores e pedras. O Sol é floresta de dardos afiados,
como agulhas; o ar, faíscas esvoaçantes. Entre ambos
vêm e vão coisas, dias, datas.
Rosas respiram sentadas em cadeira antiga. Poeira sobe
e desce sobre quatro patas a escada do Sol. O tempo
manca. O pássaro lê o galho com olho meio murcho.
Ó minha avó, janela a devorar o horizonte, parece
que o sono não quer mais despertar e pretende levá-la
à casa dele.
Quer que eu diga o que ao pombo, seu hóspede de todo
dia? Em homenagem a ele, tirarei os vasos de flor
da sacada e, em seu nome, janela, espalharei milho e trigo.

Estátuas se movem nas camadas inferiores dos sentimentos.

O Atlântico monta nas asas da borboleta para abraçar o Pacífico.

Une-os o arco do sonho. Lanço uma pergunta, para a qual não espero resposta: Em que diferem o anzol do Atlântico e o anzol do Pacífico?

As árvores no Oriente árabe negam, quase, seus frutos.
Colhem-nos mãos sem osso e sem carne.
A pedra murmura:
Só sede agora na água.
A água murmura:
Só galhos agora nas árvores.
E assim começamos a falar a língua dos peixes e a ler
a lei das presas — a grama a se despedir da terra, a areia
a escrever a história da água.

Cemitérios há na tinta, nas palavras, em cima e embaixo
das folhas, cemitérios que as pessoas santificam e
os deuses abençoam. Você, obstinado, não responda;
pergunte: Como esmagar a tirania com o fim único
de com ela amassar o pão, não só o pão do corpo
como também o da alma?
Por que o Criador mobiliza pessoas que Ele criou para
matarem outras que Ele também criou?

Bonito é você, escultor, esculpir uma cabeça como a metade
de uma melancia, ou a terça parte de uma pera e, depois,
colocar nela um brinco na orelha esquerda.
Lindo é você, Lua, vestida com pele de jaguar, fumar
um cigarro, na cabeça um chapéu de palha.
Arte de Bonampak! Artistas artesãos. Parecem entalhes
em alto-relevo no corpo do ar.
Sol é papagaio ou jaguar.
Chuva é cobra.
Morte é morcego ou coruja.

Alto-relevo no corpo do espaço é o homem. Mescla animal-vegetal.
Tem folhas de árvore,
olhos de cobra e garras de onça-pintada. Às vezes
é amigo do dragão emplumado com duas cabeças.
Parece mistura de cobra e pássaro, lagarto e cervo.
A terra mesma é estranha: crocodilo com vegetação
crescida nas costas. Alegre-se, homem, você, o da massa
de milho!

É o deus da chuva. Vem de sua casa, o poço divino, para visitar
os campos de milho!
Alimentem os deuses para se perpetuarem e manterem
vivo o universo.
Alimentem-nos com o aroma das flores, o incenso
e o espírito dos vivos.
Procedam aos rituais do sacrifício, como se celebram
as bodas:
orações, cortejos, danças, cantos, teatro, encenação.

Macaco, que é aranha!
Guerreiros saem das mandíbulas dos lobos!
Divindades em delírio, elementos em alucinação.
O universo é movimento: energia transformadora
que se transforma.
Agora, se me permitem, amigos,
é hora de eu acompanhar o Sol até sua casa.

La Reforma.

Museu ao ar livre.
Algumas formas são da visão; outras, da percepção.
Um rosto surpreende, uma imagem deslumbra.
A igreja parece ter um pescoço que sangra. Você chega
perto, ele se agita como asa quebrada. Em cada parede
há um índio vermelho encharcado de suor: tem as mãos
atadas, a língua furada.
Outras paredes escoram telhados nos quais brota
o musgo dos deuses.
Liberte seu eu das restrições à profecia. Abra janelas
para sua voz que a rocha do silêncio bloqueou.
Atente:
outra vez,
deuses são noite chegando,
a aurora do homem é o homem.

Livros sagrados são fogo ateado.
Não é estranho para os olhos que as cúpulas das igrejas
na Cidade do México pareçam borbulhas em canal que
escorre lágrimas,
portentoso rio que brota subterrâneo das entranhas
de Maia. Essas cúpulas, parecia-me, estavam prestes
a perder o sal celestial.
O chão, no Templo de Maia, era estátua a ponto de voar.
Tempo ancião, entre no céu de pedra e vá
ao Museu de Antropologia. Pergunte a uma estátua.
Que leitura ela faz da igreja agora? Pergunte-lhe,
como se lhe implorasse o último pão
no forno que ela sonha, como se você fosse asas
cansadas de voar e fosse morrer amanhã.

Estátuas, pedras pensantes que cantam.

Meu quarto dia na Cidade do México iniciou onça broto, depois
virou onça flor, e logo milho, e por fim um emaranhado
de ramos que viraram asas
para as quais vi o quetzal bater as suas.
Meu dia então virou sete,
cada um com sete janelas, e cada janela eram lábios
de estrela apaixonada.
Estátuas, em cada qual um deus visível mama em seio
invisível.
Estátuas, potência divina nas quais se misturam feições
de diferentes animais ou feições humanas com traços
vegetais ou animais.

Pedras esculpidas, ornamentadas,

pedras piso, pontos de uma escrita chamada arquitetura,
pedras cintilantes, chamadas mosaicos, vestem paredes,
janelas, tetos, soleiras.
Incensários cavados na quina dos cantos, em forma de
animais civilizados, em tal emanação que ciência e lenda
figuram num mesmo leito.
É o jogo da matéria disputado em superfícies nas quais
se engalfinham formas em movimentos harmônicos e
discordantes, como mapas que desvendam labirintos.

Izapa-Tikal.

Serial, na cor, tal rito, tal história.
Jarra esquilo.
Cabeça de mulher brota de umbigo espiral.
Caracol vasilha de água turva.

Uma a uma as coisas me levam a reforçar meu juramento ao Sol
e a renovar meu pacto com a Lua.
Mas não sei ainda como acordar da letargia o tal bicho
senhor, o homem.
Os animais com que meus ancestrais conviveram
na selva e na cidade devoram uns aos outros.
As estações dançam, e as plantas não se importam.
Depois de uma longa conversa que tive com a
tempestade, ela mudou de rumo.
Fazia tempo que as nuvens me ignoravam.
O Sol é uma rosa, é uma rosa, mas
seu tempo não é aquele que o homem vive.
O Sol o Sol o Sol!

Onde está, mão que bate à porta do sentido?
Onde está, língua atrevida que pergunta: As estações
são ainda estações?
Preciso de alguém que me ajude a procurar por mim:
Quem eu era? Quem eu sou?
Meu soluço vem carregado pelo carvão da história,
que desenha o vento e a água, a terra e a pedra, a flor
e a árvore.
Caia farta, neve, farta como a tempestade.
Eu costumava dizer: Meus passos vão cheios
das promessas das regiões. E hoje pergunto: Onde estão
meus passos? Onde começam essas regiões?

Aqui, na sombra de Maia, na sombra do cedro líbano-mexicano,
fios me ligam aos quatro cantos do mundo.
Mas aí estão, um a um os fios se rompem no ácido dos
deuses monoteístas.
Como me guardo do dilúvio dessa tinta?
Pego meu lugar na sola do Inferno e dedico minhas cinzas
à escaramuça das lendas?
Sou cabeça que voa em contínua disputa com o vento?
Sorte eu não ter resposta, responde a palha
que tremula, bandeira portentosa, alta, no acampamento
do pó.

Aqui, sob o Sol de Maia,
sinto meu corpo completo, como se minha alma
recusasse a completude.
A luz ainda me chama para seus bosques mais distantes.
Aquela nuvem escura ainda me chama também para nos
fundirmos num mesmo corpo.
Acredite, porém, morte,
meu corpo eu só lhe darei como cinzas.

Cidade do México.

À minha direita, o Sol de Maia.
À minha esquerda, para onde quer que eu olhe, o Sol
do homem e o Sol da natureza juntos na mesma camisa.
Você não envelheceu, cabeça de mármore. Foi hábil
o escultor de Palenque.
Você não envelheceu. O rosto é o mesmo. O que vem
depois é outra escrita da história da luz. Você pesa mais
que uma era, mais que um espaço.
Um astro errante lhe estende a rede de seus sonhos:
o amanhã será uma floresta de árvores que manam,
elas também, o leite das lendas.

A espada do monoteísmo!
Ainda penetra no peito do índio vermelho, no sonho
e no real.
Cada instante é um degrau na escada da morte,
com sua palavra, com seu trono,
o Um o Um o Um!
Trama arenosa que estrangula é o monoteísmo!
Não conheceu nem o homem, nem a coisa.
No lugar do afago, o açoite. Conquistador; não arrebatador.
Cisternas; não fontes.
Tolerância? Hum!
Um coelho divino foge do jardim desse racismo culto
chamado tolerância.
Os coelhos, também, se recusam à tolerância!
Os coelhos, também, querem igualdade!

Não lembro mais como eu ia pela rua. Numa charrete talvez?
Perguntei a um lagarto perdido. Não se virou para mim.
Perguntei a uma papagaia acariciada por uma mão branca.
Arrepiada de susto, imitou minha voz, já caçoando.
O que faço? Pergunto a uma vaca selvagem que em meu
delírio galopa e é vizinha de Imru Alqais?
Talvez eu estivesse numa ambulância, nas tomadas
de um documentário dirigido por uma serpente que
descende de Adão.
Serpente vermelha. Já não me lembro.

Tinha-me transformado em palmeira ou em pássaro parecido
com uma fênix, ou numa ilha do tamanho de Arwad,
ilha que não me sai do pensamento. Olhe! Sírio,
o lobo do céu, flutua entre as montanhas. Agora, quem
cuida do lobo do céu é a terra, e o travesseiro da cabra
escora a cabeça do touro.
Ah e o crepúsculo… cuida do crepúsculo.

Quem se atreve a ver uma igreja nas mandíbulas de um peixe?
E quem se atreve a pôr uma igreja ou mesquita sob a
lente de um microscópio?, perguntei em imaginação
a um grande e popular poeta libanês nascido e morto
no México, do qual me falou César Afif. Desse poeta
ouvi a resposta, também em imaginação:
Para ele nossa ousadia é abrir as bodas da terra dançando
em cima do cadáver do céu.
"A quem se refere esse 'ele' velado?"
"Ao terreno do delírio cego."
É para ele que o guiamos, tempo.
Nosso guia é um índio vermelho.

Quer mudar o ser? Hum!
Se mudar o pé, como vai mudar a coxa?
Se mudar a coxa, como vai mudar o regaço?
Se mudar o regaço, como vai mudar o quadril?
Se mudar o quadril, como vai mudar o pescoço?
Se mudar o pescoço, como vai mudar o rosto?
Se mudar o rosto, como vai mudar a cabeça?
Se mudar a cabeça, como vai mudar o coração?
Se mudar o coração, como vai mudar o fígado?
Se mudar o fígado, como vai mudar as artérias,
as veias, as vísceras?

Quer mudar o ser? Hum...!
Por que não começa por você?

Um pouco da cerâmica do tempo e um pouco da argila da língua,
junte o veneno do Um, o bálsamo do mundo, o mel
da Outra Vida, macere e derreta tudo num caldo
patriótico divino, na autoridade de quem escreve
a história das cidades.

"Aí está, comece!"

"Não, não criarei o que me é semelhante!
Criarei inimigos e opositores e tudo o mais que em nada
se assemelhe a mim.
Leiam.
Não coloquem no que leem nem armas nem armadilhas.
Não misturem o texto com seus intestinos."

Toque-me com seus cornos, gazela de Maia.

Quero tocar as profundezas dos lugares, plantar os céus nas entranhas da terra, como plantas metade gente, metade nuvem e tempestades. Quero arrancar as raízes dos anjos.

Demolir o um, construir o muitos.

À terra quero dizer: Você é o real,

e ao céu: Você é só uma bolha!

Assim os deuses desaparecem deste lugar, diferente do que disse Heráclito.

Entre, então, confiante.

Prepare-se para ver o Sol correr num pátio carmesim.

Para ver chifres de cabra grudados em troncos de árvore e em gente. Para ver levas de gente entrarem na religião do sentido.[39]

E para ver a Lua pendurada num candeeiro que ninguém sabe como veio e nem de onde.

39. A partir do versículo: "Quando vires levas de gente entrarem na religião de Deus" (Alcorão 110: 2).

Maia,

a noite não tem língua, é certo, mas ela não para de contar
o que você sonha. E é bem como ela diz: A eternidade
tem um perfume que lhe sai do colo e chega até você.
Ela é aluna da natureza, mas a criadora é você. Sua arte
é um hino na garganta da matéria.
Na casa em que você mora, o Museu de Antropologia,
estátuas andam, param, conversam, se calam, sonham.
Têm os lábios
no bocal da flauta da história. Cada estátua é um degrau
que leva ao invisível. E cada estátua é uma mesa que
o Sol gosta de cobrir com sua túnica dourada.

Tragam conchas para escrevermos e datarmos a história.

Tragam um ponto para iniciarmos a unidade. Tragam variações para o corpo e seus membros, e para a cabeça e suas formas, para lermos o mundo. Membros humanos são o mais belo alfabeto para se escrever o universo. Macerem cascas de árvores, amassem-nas, para receberem melhor o que vocês emanam da cabeça. Entalhem, cavem, gravem. Criem formas para falar da face da pedra, do bojo do jarro, do cone do osso, da folha da palmeira, dos fólios de papiro. Amarrem isso tudo na roupa e desenhem onde lhes aprouver. Registrem suas ações: na ciência e na política, na guerra e na paz.

Tragam estacas e finquem-nas na terra para medir com sua sombra a altura do Sol.
Tragam também duas madeiras cruzadas para medir, a partir de pontos no horizonte, o tempo de aparição e desaparição dos astros.
O universo é o teatro em que as energias da Criação se afrontam, revelando os segredos dos astros que comandam o universo.
O firmamento é nosso aliado contra a separação e a morte, é nossa arca na travessia da vida e de suas sombras. O firmamento é nosso aliado.

Quetzal,

eu o invejo, pássaro sagrado. Invejo a cabeça dos líderes enfeitada com as penas de sua cauda longa e esplêndida.
Dizem: É pela roupa que se conhece o sujeito, de que classe vem, a que classe pertence. A roupa é espelho.
A roupa é escada. Tece a quem a porta. A aparência indica a essência.
Abençoado, algodão, magia dos simples.
Tragam conchas para escrevermos e datarmos a história.

Zócalo!

Aqui o horizonte afrouxa as calças. Para saber talvez como receber o Sol. O espaço abraçava secretamente Tenochtitlan, ao som dos murmúrios do Sol que incidia na Calle Francisco Madero.

Praça, vá até seus confins. A água turva da história também é um meio para se encontrar água pura.

Meus passos, assim como meus sonhos na noite passada, estavam imersos em água escura. Não sei como tirá-los de lá.

Zócalo!

Lugar em que se abraçam ruas e calçadas, o abismo
das fundações e a altura dos edifícios. Zócalo é o leito
do antigo lago de Texcoco, ainda cambaleante? Terra
mole e movediça?
Tento andar na sombra e me pergunto: Como posso,
mesmo assim, plantar seguro árvores que
gerem sombra segura?
Aqui, no centro da sombra asteca, sigo, enquanto
passo erguendo casas, as casas astrais que se movem
nas tendas, nas jarras, no interior das fontes, casas de
astros aranhas que governam fusos cujos fios enfeitam
a janela da vida e da morte. Camisas esvoaçam como asas,
vestidas pela marcha do tempo, tecidas por minutos e
horas, camisas de toda cor, com pés e cabeça, camisas
camas, camisas cobertas, camisas espelhos, camisas
museus e azulejos, camisas montanhas, cavernas, vales.

Zócalo,

em você saímos da unidade. Vias, nossos corpos
conduzem à saída. Vias dentro de vias que não vemos.
Quem nos explicará os rastros de nossos passos?
Ali onde o invisível está um passo à frente de seu irmão
visível e bebe a água da Suméria na jarra de Maia,
nós sulcamos o tempo em suspiros enquanto
carregamos a terra inteira num cinzel ou num poema,
ou a preservamos num pincel de cores que têm no azul
o seu rei. A metáfora não é aquilo pelo qual se exprimem
as estações, as bifurcações, as distâncias, mas o real,
o que movemos entre os dedos como se fosse pão.

O real é também outra metáfora.

Da boca da terra tomamos nossas línguas e dizemos
ao coração: Seja como o coração da terra. Descobrimos
a luz que leva nossos olhos para além da escuridão.
Também nós
escondemos o fogo do sentido nas entranhas e,
em torno desse fogo, soltamos os rios das imagens.
Seguimos o passo das estações, mudamos nossos céus.
Abrimos janelas para o desconhecido que se deixa alçar
no ritmo de nossos passos. Toda ponte cai, menos a
erguida pela poesia.
A poesia, como a abelha, toma de sua flor o néctar
de seus segredos.

Aqui estamos, Zócalo,

a tecer raios de Sol com nossos dias, e a dispô-los
nas soleiras, nas janelas, nas bifurcações. Aqui estamos
a ter com os relâmpagos, a ouvir a constante franca
confabulação de nossos passos com o pó; a interrogar
a Lua, enquanto ela escala nossas pirâmides para nos
trazer o recado das estrelas, com quem mantemos
vínculo antigo. Aqui testemunhamos o choro das nuvens,
que nos deixam ver-nos em seus olhos.

Quando o céu nos dava a razão, enchia-se de nuvens.

Sabemos que só a chuva é capaz de firmar alta amizade
entre a terra e o espaço.
Cozinhe-nos as pedras, Tempo, agora e sempre, se quiser
fazer jus à nossa história.
E vocês, amigos, escutem aquele mar que assume o
discurso agora no púlpito das ondas. Olhem os campos
como recebem os cortejos de pássaros e flores.
É preciso que também a altura aprenda com a música
da queda e com seus ritmos. É preciso que o fim encontre
seu berço oculto sob a coberta do infinito.
Sim, o impossível é outro nome do possível.
Caminhos vêm e vão como ventos que montam seus
tronos na palha. Ainda não nevou. O tempo fia nuvens
para as chuvas de amanhã. A aurora abre os braços
para as criaturas do barro. Casulos passaportes para
outra criação.

Não, nós só tratamos com os raios para firmar a paz com o
espaço. A eternidade é um ínterim em nossos escritos.
Quando viajávamos pelos rios e mares, a água nos
cingia, aconchegando-nos em seus joelhos. Uma vez,
o dia errou ao pronunciar nosso nome. Outro dia,
o espaço interpelou nossos caminhos e só obteve
silêncio. Quisemos dar as mãos para a natureza,
mas elas se fizeram de estátuas.
Dê seus braços, montanha, para esse cervo.
Dê seu peito, árvore, para esse papagaio.
Dê suas mamas, gruta, para esse morcego.
A terra inteira é a casa de uma só família.

CANÇÕES

Cabeça invertida deixa as perguntas em pé.

A mentira é repetida na linguagem do céu, contra
a natureza e contra o natural.
Então, sapo, crie o lugar que você representa e apresente
suas credenciais ao papagaio. É claro que convidará os
cervos para esse cerimonial. A mesa terá umas poucas
tâmaras e um tanto de água num copo de madeira
de ébano, só para humilhar o ouro. E a passarada
terá afiado as asas para enfrentar a tempestade.

Lágrimas de árvores escorrem dos olhos do espaço. Pirâmides
se sentam na cabeça dos ventos. Soleiras são arco-íris
unindo um lado a outro. Céu! O que podemos oferecer
a seu silêncio senão ovos de formiga? Diremos à Lua,
que carrega a luz nos ombros, que leve esses ovos
nos braços ou que os leve debaixo do umbigo?
Sussurramos no ouvido da Lua que entre no céu
sorrateira, ou anunciadamente?
Gritam de súbito as juízas tartarugas:
Vocês não têm nada a ver com o céu!
O céu não tem nada a ver com vocês!

Uma coruja conversa com as trevas sobre a preguiça da luz.

Só mesmo o efêmero para descrever a beleza do que permanece.

Sempre que tento abrir o peito para o mistério da escuridão, a luz me repreende. Sempre que tento empurrar a luz para ela incidir mais de cima, a escuridão me instila: Seja gentil com a luz. Ponho em xeque Sua Excelência a Luz? Digo que a escuridão é também um começo?

Maia, com que poder
você nomeou os deuses? De que saber se valeu para
lhes traçar as potências? Deuses são frutos ou raízes?
No céu divino o indivíduo se divide em dois ou em mais?
É ao mesmo tempo macho e fêmea, macho fêmea,
fêmea macho?
Por que seus deuses não envelhecem? A infância
é sua segunda eternidade?
Em você, por você, com você, aprendo a guardar o
conhecimento, como você, entre os dedos, nos passos,
embaixo e em cima da epiderme. Tenho a pele apropriada
para escalar as cimas da sabedoria. E os pés treinados
para soletrar as distâncias da ciência do Oculto.

A noite é noite e o Sol é sol, e não se encontrarão, embora durmam
na mesma roupa,
disse Maia.
O corpo da noite está em perpétuo embate com o corpo
do dia, mesmo quando deitam juntos na mesma cama,
disse Maia.
Permaneça no ponto extremo, na borda final do fio
noturno, e encontre-me lá, você que procura por meu sol,
disse Maia.

Estrelas são poemas borrifados no caderno da noite.
Lua é pluma branca que esvoaça no jardim das estrelas.
Ditada, tal luz
desce dos lábios de Ixchel,
garante-o o tinteiro do Sol.
Garantem-no as plumas do éter, o azul revestido de preto,
o Sul pendurado como um colar no colo das Plêiades,
o flanco do Norte. Garante-o a Linha do Equador,
aquela cerva apaixonada que hoje se casa com o Sol.

Alegre-se, Ixchel, deusa da Lua, da medicina, da fecundidade,
das mulheres em trabalho de parto ou que se preparam
para tanto.
Fecunde os campos e olhe, com olhos apaixonados,
o corpo dos apaixonados. Todos os apaixonados são
doentes neste tempo. Não querem a cura; querem mais
e mais a doença.
Aqui estou e em seu nome eu bebo no Hotel La Casona
a água da noite numa taça em forma de águia.
Do colo dessa águia pende um colar de borboletas
vermelhas. Olho para as estrelas que pousam como
pássaros brancos em seus ombros. Ixchel, eu tinha
despertado com o adejar de uma águia fugindo de
sua floresta. Jogavam dados a águia e o jaguar preto.
Libere suas nuvens... Deixe-lhes a liberdade de
precipitarem no lago do amor. E uma coberta tecida
pela mão da noite para quem quiser dormir.

Ah Puch, deus da morte, estende a mão para me cumprimentar, como se eu fosse um velho amigo. Parecia ter descido de uma árvore de Snoubar, gazela ao lado e águia branca no ombro esquerdo. Kukulkan, cobra emplumada, tentava dançar com o jaguar preto que acabara de sair de uma festa animada ao ritmo da Jarana, em louvor ao amor.
Trova Yucateca!
Tenda é dança. O corpo amadura sob a abóbada noturna.
Sol do desejo, entre em seu negro esplendor.

Roubei o fogo da sabedoria, pela terceira vez, como Prometeu,
mas desta vez o roubei do céu de Maia. Também desta
vez acendi o lampião ao mesmo tempo da visão
e da percepção.
O mundo era rolado como de costume no Levante,
numa bola chamada matança. E era colhido assim:
por umas foices afiadas pelos céus do mundo e limadas
pelos pensamentos e ações.
O espaço no entorno era uma casinha em ruínas.
Corriam para apará-la, como os antepassados,
cada um em nome de seu céu, cada um acompanhado
de seus anjos. Depois matavam quem queriam,
ao bel-prazer — de preferência os degolavam.
Depois, fundavam o futuro no peito dos mortos.
Depois levantavam suas vozes, implorando: Favoreça-nos,
Senhor!
E depois, e depois, e depois...

Sugeriram-me procurar por cantores, aqui na Cidade do México
e lá no Levante, que tenham a voz
de uma árvore, a estatura de uma montanha e o peito
de um lago. Comecei a imaginar aquela terra de onde
vim, e não podia acreditar no que via. Não acredito mais
em Nietzsche:
Havia anunciado a morte de seu inimigo, mas o inimigo
rapidamente se levantou do túmulo, no Levante e em
outras localidades, declarando guerra à palavra vã.
As pessoas voltaram a nascer nas palavras com suas
embutidas inspirações: espadas, facas, lanças, bombas,
tanques, mísseis.
Humanidade: redes, tubos atômicos.
O alfabeto caminha para a morte letra por letra.
Onde buscaremos as palavras que darão nome
às coisas nascidas hoje?
Vejo palavras que lavam seus corpos num charco
distante da casa do dicionário.
Quanta coisa sobra e quanta língua falta nesse país
a que pertenço!
Agora minhas palavras brincam com o vento e descansam
sob as asas de um sol não afeitas a dormir.

Qual Maia,

visto a morte para manter a vida nua e matar o medo.
Dos raios de sol tomarei ponteiros para um relógio que
marcará o tempo e o que vai além. Criarei uma irmandade
com os rebentos de cervos e plantas. Tentarei ler as
nuvens enquanto repousam nas margens de rios e lagos,
como os bandos de pássaros migratórios.
Lembro as crianças escalando as pernas do milho
para dar as mãos às estrelas. Lembro as mulheres
sentadas em asas para ler o mistério do sexo.
O milho gosta das mãos que tocam suas espigas.
E as árvores gostam de ser tendas sem portas para
o vento entrar e sair.
Lembro como os anjos se revoltaram contra seus
governantes e como foram banidos, refugiando-se
no país de Maia,
que deles sentiu pena e os transformou em pássaros,
plantas e fontes.

Conceda-me o poder, poesia,
de ler a filosofia da formiga,
o silêncio da pedra, a matemática da abelha.
Repita comigo, cítara da eternidade,
também você, pó do pólen:
As fontes se ajoelham em celebração da chegada
de suas águas
aos campos.

Sob o céu de Maia,
há muitos céus além daquele cozido e apurado pelos
climas dos livros sagrados.
E como é bom imaginar agora
colocar esse céu numa gaiola
rodeada de um bando de macacos os mais diversos
e perguntar ao céu: Por que não acorda
aqueles pobres que vivem em casebres
e lhes dá um bom-dia?
Queria ver uma árvore que fosse,
que garanta tê-lo visto ao menos uma vez
fazer tal saudação.
Afinal, qual é sua função?
Uma vez me prenderam no buraco de uma agulha
por ter dito que o céu é uma sela que não combina
com um cavalo que pertence à terra.

Com as mesmas letras se escrevem
os nomes de deuses e diabos, profetas e anjos, mulheres
e homens, campos e mares, matas e insetos, montanhas,
vales e cavernas.
Igualdade literal!
Mas deve haver um segredo que dissolva a igualdade.
Diga o que é, homem, esse a-z.

Todo rosto tem
um espelho na pedra,
na animália doméstica com úberes,
na animália selvagem com presas,
nas plantas irmãs das borboletas, em tudo que mama
e amamenta.
Mas quem terá dito o "Seja!"?
Rosto é luz transformada em espelho.
Vagam nos campos do alfabeto os fios do sentido
enquanto em torno da imagem
contendem aranhas e astros,
velas e ventos.
Mas
o que fazem aqueles escorpiões escondidos nas camas
dos deuses?
O que trama aquele dragão que vigia o lago do fogo?
Deuses — juízes — são também guardiões das facas.
E o céu, pano vermelho,
transforma os caminhos em guarda-sóis azuis,
em celebração de seus passos.

Parado à soleira de Maia
digo:
Adeus, Maia... por ora!
Em seu nome intercedo ao Trópico de Capricórnio:
Seja gentil com Touro.
A cabra dança entre os astros
perto de um touro vestido de nuvem vestida de céu,
perto de uma estrela abraçada a uma gazela,
perto de uma lua
que só dorme em braços de mulher.
Alguma vez o céu se embriagou
que não fosse pelas palavras de uma terra apaixonada?

Naquela noite eu não dormi.

Trança por trança ajeitei na cama o pretume da noite.
Fui tomado pela lembrança da menina que concedeu à
minha infância na aldeia irromper com seus lábios meu
primeiro beijo. Eu não tinha completos os onze anos.
Misturei as tranças com meus suspiros
imaginando uma luz para o pretume.
Ela seria, presumo, o que ele conhecerá
por primeira vez.
Na sombra dessa luz cavei um vazio no corpo do desejo
e desci num escavar sem fim.
Como despedir-me, ao menos por ora, da Cidade do México?
Ponho em seu seio esquerdo
Maia em forma de borboleta?
Ponho em seu seio direito
o Sol em forma de rosa?
Pergunto:
Como ler agora aquela história natural escrita por seus
lagos, especialmente o lago principal?
Claro,
direi a mim mesmo:
Faz tempo que voltei
da Cidade do México.
Mas que nada, não voltei;
continuo morando por lá.

O Sol gosta dos caminhos de Maia.

Osmanthus

Pequim – Paris
março, 2019

Para Chui Tchingouh (Bassam)
em celebração de sua amizade

ÁRVORE

Raiz:

prova finita nas mãos do infinito.

Tronco:

sim, sei de poetas que fazem elegias ao céu
e sei de um céu que não suporta humanos.

Ramo:

a sombra não para de escrever suas memórias;
título do último capítulo: O Sol é outra sombra.

Broto:

como abro um caminho para ele, digno de seus
primeiros passos?

Flor:

nuvem apaixonada à procura de raios
cerca as casas dos apaixonados.

Folha:

a folha só apressa seu passo
no caminho que a leva à morada do vento.

Aroma:

a cultura universal e dominante é
o olho ser tomado de lágrimas,
o nariz estar vazio de aromas.

EFÊMERO PERPÉTUO

O Sol não para de trabalhar desde que põe os pés na soleira
da praça do Instituto Lo Xun em Pequim.
Desperta as árvores, de ramo em ramo,
num vaivém que tece o espaço.

Muitas vezes, no Instituto,
vi as janelas acompanharem os passos de Lo Xun,
Lo Xun a ler seus leitores.

Fora do meu recinto no Instituto,
pássaros hábeis desenham janelas, musicam o horizonte.

Uma vez pensei
em unir, como eles, o efêmero e o constante
e me lembrei de Abu Nuwas e Baudelaire
sem deixar de pensar no que disse o efêmero:
O perpétuo é só uma rede sem fim,
que meus fios tecem a todo instante.

QUEIXA

A história
  explica ao material como o sempre incidental a falsifica
  e nisso ela se pergunta, desconcertada:
  Quem, afinal, se atreverá a
  dizer, a escrever a verdade?

PACTO

As folhas, em pacto secreto com a tinta.
A tinta, pronta para o arranque criativo:

Não falei com folha alguma sobre o metafísico.
Não dei nenhum beijo em muro celestial.
Não toquei minha testa em pó de chão.

Como pode o ser humano trair a argila da qual foi moldado?
Como apagar a ferrugem na qual engasga
a garganta deste mundo?

NA PRESENÇA DE BUDA

Ontem, Buda, em silêncio, deixou-me ler em sua presença para
o éter um episódio específico da história árabe:

Muitas vezes, a poupa de Suleiman faz uma visita-surpresa
às sociedades das formigas
que trabalham entre a grama, erguendo quartos
de dormir sob as árvores, perto das raízes.
A poupa se senta na companhia dos chefes de tribo
e a conversa gira em torno de Balquis e suas irmãs,
especialmente em torno da questão que uma vez Balquis
expôs a Suleiman, sem ter resposta:
Qual é a cor de Deus?
Ato contínuo, ela voa, despedindo-se, para retomar
a conversa com o próprio Suleiman.

Não me surpreendi
quando, ao terminar a leitura, vi Buda
sorrir em silêncio, como o acostumamos.

EXERCÍCIOS

O céu no refúgio Imperial Springs faz exercícios em imitação
da terra —
funde nuvens e pedras,
montanhas e quartos de dormir,
pássaros e camas.

Aqui neste lugar foi plantada em meu nome uma árvore
de Osmanthus.
Comecei a descobrir, dentro de meu corpo,
um continente ainda desconhecido.

Travesseiro é uma frase completa no livro do sono,
mas sua filha, a vigília, é frase incompleta no livro
da natureza.
E o que não é dito nesse livro
é mais claro que o dito.

DIVISÓRIAS

Poeira a pesar nuvens.
    Nas balanças, há pensamentos obscuros, coisas
    inomináveis, sonhos
    que o sono restringe.

•

Asas de pássaros
    portam o espaço.

•

Milhares de ninhos batem à porta das árvores
    e a neblina bate palmas para quem visita o Sol.

•

Em toda flor recobre um manto azul,
    escorre um rio vermelho.

•

No jogo apaixonado entre as profundezas e as alturas
    só há sabedoria.

•

Há diferença
    entre sua esquerda e sua direita, Sol?

•

Quem ensina o horizonte
    a ser túnel?

•

Sim, vi a Lua puxar a carruagem das estrelas.
    Vi o Sol pascentar os lampiões da noite.

•

Não inventa sua vida, não lê sua morte.
    O que inventa então? E o que lê?

PERFUME

Árvore de Osmanthus, eu lhe trago esta notícia:
entre as árvores, você é a elevada, a cara, a geral,
a particular.
Essa é sua riqueza.

•

Eis a noite devotada a ser casa sempre aberta ao perfume
de Osmanthus.
E o dia não diz outra coisa sobre esse perfume que
não o tenha dito a noite.

•

Perfume de Osmanthus, você parece ter o que me separa
de muitos de minha gente,
aqueles que reforçam as paredes da casa com palavras
e pensam que as marquises são árvores,
aqueles que ninguém deste mundo predatório sabe
o que farão quando lhes forem tiradas as presas.

PÁSSARO

Este pássaro que passa tem os ombros cansados.
Pássaro, recoste-se, meus ramos são todos seus,
escolha o que lhe agrada,
diz a árvore de Osmanthus enquanto espalha seu perfume
no bocal das asas.

Árvore minha no topo do ar, anunciei seu perfume
numa festa à beira do lago, sob o caramanchão da grama.

Acudiu aquele pássaro com figurino teatral,
pássaro de que não lembro o nome.

PERGUNTA

Uma nuvem passageira pergunta às gentes da festa:
        Alguma água aí que inveje a água?

Eu, entre os presentes, a estender a mão a uma coisa,
        e todas as coisas a me estenderem a sua,
        escrevia em imaginação um poema
        que a árvore de Osmanthus, eu via surpreso,
        memorizava de pronto e me precedia
        em dizê-lo.

Mudei meu nome quando comecei a escrever.
        Desde então meu nome muda
        sempre que escrevo um poema.

O vinho amarelo em Chengdu
vem revestido de capa balouçante na casa de seu
antigo amigo Du Fu,
poeta que interpôs o céu e a terra nas asas
de uma borboleta.

Disseram para a orquestra de árvores e pedras no jardim
de Du Fu que toque para o tempo
e para as estrelas e as nuvens
e para os anciões da natureza que constroem os campos
e as ruas nos jardins do universo
a primeira frase desta canção:
Cresce em idade Du Fu, acresce em jovialidade.

Sim, a poesia de Du Fu nos ensina como crianças constroem casas
no alto das árvores e abrem alas ao cortejo das pontes que
ligam o ar aos raios de sol
e depois fazem desses raios cadernos nos quais escrevem
seus sonhos.
Digam às crianças que façam sempre esta pergunta
a Du Fu:
Para que serve uma vida na qual a poeira respira poesia
e a poesia respira poeira?

PERGUNTAS

Hoje a conversa passeia nos lábios e entre os livros, e dentro deles,
como a romã que rebenta e espalha os grãos caminhos
e vento afora, no que o relógio pergunta:
O que é o tempo?
E esse pergunta: Quando vamos
precipitar e tocar o pó com nosso passo?

Desse modo, dos ramos das árvores nas florestas do sentido
astros pendem à maneira de perguntas, que a luz sabe,
melhor que eu, em que lábios se articulam.
Vocês, perguntas, o que querem? De onde vêm?

MUDANÇA

Sim, o mundo muda.
E se a tinta tomasse o lugar do mar?
E se a Montanha Amarela viajasse a Jabla, a cidade,
e a Qassabin, aldeia próxima?
Porém
e de repente, como me foi dito, o astro Zuhra veio em visita
à Terra. Chegou esgotado e não havia uma cadeira para
ele se sentar.
Só encontrou, à sua chegada, os próprios passos
que vieram, antes dele, montados na égua das luzes
que emanavam de seu corpo.
Embora houvesse janelas, misteriosas, abertas na ocasião,
ninguém sabe o que escondem atrás delas.
A poesia tinha saído em viagem à procura de novos
caminhos para mudar o sentido.

DOENÇA

Quando pus as mãos no tronco de uma árvore de Snoubar
na Montanha Amarela senti como se as tivesse colocado
no ombro do pensamento.
Disse a mim mesmo: A árvore de Snoubar do Líbano
envelhece de sede, e o cedro escreve outra história
para outra cruz.

Ninguém me escutou; só uma roupa empurrada por um corpo
que não vem do dia, não vem da noite,
corpo sentado em cadeira que parece janela entreaberta.
Na minha imaginação a Lua do Líbano parecia sair de
um sanatório especialmente construído pelo amor para
uma luz sempre doente —
que permanece doente, sem morrer, sem cura.

TRANSFORMAÇÃO

Eu não sabia que o corvo podia num instante ser pombo,
ou outra espécie,
até que fui tomado de surpresa ao deparar com uma
estranha criatura da montanha que andava apoiada em
quatro muletas, confabulando com as rochas sobre suas
origens e idades, especificamente as geológicas, certa
de que era a criatura mais experiente nesse campo vital
que não distingue um profeta de outro
ou uma pessoa de outra, a não ser pelo amor e pela poesia.
Desse modo me foi confirmado que só a Lua era capaz
de escalar a Montanha Amarela.
O que explica minha incapacidade de escalar essa
montanha até mesmo na escada da imaginação.

O parto é a última coisa em que pensaria aquele útero
misterioso do qual saiu a Montanha Amarela.

Nuvens
enxugam o rosto dos cumes com seus cílios.

•

Nuvens não querem se separar das montanhas.
Vivem assim: em luta eterna para conciliar seus desejos.

•

Aonde quer que vá, poeta, aqui, na Montanha Amarela,
encontrará seu rosto desenhado.
Aqui o desenho é traçado pela mão do ar no cavalete da luz.

•

Perguntei: O que é a realidade?
Pergunta fraca, amigo.
Procure outra base para a pergunta, por exemplo:
Por que as palavras não têm mais roupas para vestir
nas bodas que celebram as coisas do presente?

•

Aqueles que leem profecias
nadam em lagos secos.

•

Por que não vejo aqui nenhuma formiga a rolar estrela?
Estou a ponto de dizer a minhas tristezas:
Deixem-me, procurem caravanas
que não migrem e não se fixem.

•

É verdade que as estrelas moram no topo das árvores
como diz uma antiga árvore que se arroga profecia?

•

Você, coisa incompleta,
inicia a perfeição.

DIGA-ME, MONTANHA

É a Montanha Amarela! Diante de mim! Diante de meus olhos!
Parece que vim no dia em que as nuvens decidiram
abandoná-la.
Bastará eu imaginá-la a vesti-las, imaginá-las a ondular
por seu colo?

Diga-me, Montanha,
se as nuvens pudessem recostar-se agora em seus
ombros, não pareceria sua cabeça descolar deles,
indo vagar acima,
como me garante a lenda do pensamento?
Subiria, mas não para sonhar: para uma rápida visita
aos membros de sua família que ainda moram no espaço.
E eu mesmo, de acordo ainda com esse pensamento,
não seria transformado em sombra grudada a um corpo,
a subir como ele
de flor em flor, de pedra em pedra?
Não imploraria à minha sombra que se transforme
em nuvem
e à nuvem que entorne no lago voador guardado pelo
lápis-lazúli do espaço?
Não seria minha primeira ação marcar um encontro entre
mim e a árvore de Osmanthus para buscar a essência da
substância aromática e o futuro de sua descendência?

Diga-me, tronco,
há um raminho para mim dessa substância?

Diga-me, ramo,
por que a Lua esquece frequentemente a cabeça entre
suas folhas?

Diga-me, broto,
por que sua raiz me puxa para as profundezas
e seu perfume me puxa para as alturas,
como a balouçar de um lado para outro, montado
na égua do vento?

E você, folha,
é inspiração, é escrita, é leitura? Ou todas juntas?

Sim,
gostaria de voltar para ver a Montanha Amarela vestida
de nuvens,
ver as cores dessas vestes e o que seriam seus botões,
como a nuvem abraça seu topo,
como a montanha se senta no joelho de uma nuvem,
e o que faz o trovão nessa hora
e como toca os ramos da Snoubar
e os transforma em lápis para desenhar suas ideias num
caderno cujas folhas se revolvem num vento imaginário.
Gostaria de voltar para tomar parte desse jogo que
unifica infância e velhice
e mistura caravanas de nuvens e moradas de pedra,
e para expor a Confúcio, em clima de raios, chuva
e trovões, questões que me incomodam:

Que relação guardam as leis de trânsito com a poesia
e a ciência atômica?
A noite é mesmo osso na boca do dia, ou o dia osso
na boca da noite?

Da Montanha Amarela levaria comigo algumas cópias dos
cadernos que ela costuma escrever em seu pequeno
quarto
e nos quais retraça os mapas da luz. Eu disse à sorte:
Abra um dos cadernos e leia:

Não quero que minhas folhas passem longo tempo fora das
prateleiras do pensamento.

O que há de mais fundo na luz é o que se esconde além dela:
aquilo que não se vê só com o olhar.
(Assim sendo, não duvido que haja na Montanha Amarela
muitas montanhas que só podem ser vistas com o olho
da percepção.)

Ouvi o céu dirigir sua homilia diária à terra e me esqueci,
enquanto o ouvia, de lhe fazer uma pergunta que
incomodava o bairro em que eu morava. A verdade
é que esqueci a pergunta.

Ofereci a uma flor uma jarra d'água e dei a uma árvore de
Snoubar o nome de uma amiga que hoje completa
dezesseis anos de idade.

As árvores de Snoubar trabalham nos campos do ar onde,
quando e como elas quiserem.
E se as imitarmos?

RASTROS

O dia na Montanha Amarela anda com pés de cavalo alado.
A noite rasteja com pés ao que parece de um vento
que perdeu as asas.
E quando pessoas deixam de passar e suas passadas
ralentam,
as rochas acordam perguntando às estrelas se podem ler
os rastros que as coisas da terra deixaram em sua luz:
a grama, a asa, o pó, a nuvem, o ar, a pedra, a árvore, a água.

O átomo da aniquilação é cozido em terras mediterrâneas numa
enorme panela que o Ocidente forjou do ouro do céu.

O que dizem, estrelas? É isso mesmo o que leem?

BEIJOS

Flores pequenas carregam brotos e seduzem a Lua e o Sol
com suas descendências
sem saber ainda o que vão gerar ou que nomes dar
aos nascidos.

Aí está uma estrela. Cansada a ponto de pôr os pés na outra
margem do rio noturno.
Enquanto eu movia os olhos entre pássaros que trocavam
beijos reportando queixas às árvores e à grama,
eu tentava cantar, o tempo a sussurrar em meus ouvidos:
É melhor você prestar atenção no horizonte e no canto
que ele entoa, ditado pelos picos.
É melhor você aspirar a tinta das distâncias.
De súbito senti como se o Sol me estendesse seus braços
perguntando se eu gostaria de dançar,
eu, absorto em olhar rebanhos de árvores a descer
e subir as encostas do horizonte.

CONTINENTE

Quando encontrei a Montanha Amarela, ela não era montanha,
era um continente, e esse continente era vertical,
diferente de como se descrevem os continentes.
Vi o Sol apoiado numa árvore de Snoubar e vi a Lua
ansiosa à espera do ocaso,
temendo esquecer como se recebe a noite.

LÉXICO

Toda vez que eu queria sentir o perfume da língua no léxico
das árvores na Montanha Amarela,
era seduzido pela pluma das imagens nos livros
das flores e das plantas.
E de todas as direções surgiam trilhas onduladas
e nuvens de pássaros, criando-se outro léxico de
perguntas maravilhosas.

Confúcio!
Como os fins podem conduzir o que não tem fim?
Como faremos quando a estrela quiser ser árvore
ou a pedrinha insistir em se tornar asa de pássaro?

E você, poesia, por que deixou para outros agitar o leite
das profecias nas jarras de cinzas?

BURACOS

Tenho horizontes que se abrem com a luz.
Tenho um manual de instruções escrito pela noite.
Tenho uma língua que traduz a tristeza com palavras
de alegria, e outra que anota o que a alegria lê nos léxicos
da tristeza.

O que têm a oferecer os caminhos quando os passos são
buracos na pele do mundo e as palavras vivas, cruzes
nas artérias?
É por isso que a mão da luxúria solta minhas rédeas
ao tempo em que as puxa outra mão mais insensata?

É por isso que meu horizonte tem asas, sem que uma veja
a outra e uma fale a língua da outra?
É por isso que na mesma carruagem levo este tempo
e essas asas?

PERGUNTAS

O que me diz, Montanha Amarela, de um espelho que só vê
a si mesmo?
O que me diz, poesia, de uma natureza que abraça o que
está além dela como se fosse a pele primeira da matéria?
O que me diz de uma ciência que trai a ciência? E de um
novo fazer que trai os primeiros fazeres?
Qual é o lugar do homem? A imensidão do sentido ou
as dobras da língua?
Sim, as lesmas agora têm osso e o pó espinha dorsal.
Penso que Confúcio, Mêncio, Lao-Tsé e seus amigos
sabem melhor que eu como costurar o espaço com um só
fio de cabelo da cabeça daquele que diz a este mundo "Seja",
mundo ainda em formação.

PERTENÇO?

O amarelo o amarelo o amarelo, a cor:
há nele o tronco de uma árvore solar,
o botão de um jardim nuvioso,
ou ele é a natureza prenhe?

Montanhas a cobrir a montanha, uma direita à direita, uma
esquerda à esquerda, nas profundezas e nas alturas.
Montanhas.
Montanha de línguas e pronomes, de conjunções
e preposições, de pontos de interrogação.
Montanha de clamores etéreos, dos pés à cabeça,
que emergem dos elementos, da garganta das coisas
visíveis e invisíveis.
Montanha de montanhas que criam ângulos e círculos
e demais formas geométricas, picos, vales, buracos,
passagens, horizontes, trilhas e marcam um encontro
com as estrelas para acalmar o firmamento
quando se disser: A Lua está a ponto de se dividir,
o tempo está a ponto de se transformar em
conhecimento de lugares e em represas, muros, prisões.
Montanha de astros: pai, mãe, filho, avô, apaixonado,
apaixonada,
lugar que a língua não sabe pronunciar
e as palavras temem suas letras.

Identidade é rede e eu sou o fio que se rompe quando movido,
fio amarrado a si mesmo: só se desata para entrar em
si mesmo.

Pertenço a ela? Pertencerei? Mas onde, como, a quem, por quê?

ANHUI I

Anhui:

o caminho de uma aldeia até sua irmã é os degraus
de uma casa, as asas de uma viagem.
As estações mudam os espelhos, o fruto se revira nos
canteiros da luz.

Anhui:

aldeia é léxico do natural e escrita da natureza. Além de
mão tem um órgão constituído de folhas e água,
de grama e plantas que até o impossível gostaria de ser,
em número e espécie.
No entanto é a Montanha Amarela que leva vantagem
em ler e escrever as estações. É ela que as toca, quase,
inteira com seu corpo.
As rochas também dão frutos. Perguntem às árvores
de Snoubar na Montanha Amarela, se tiverem dúvida.

A pedra, parece que ela também tem asas. Vejam a pedrinha
que cintila na miragem da imaginação,
e vejam, enquanto a olham, como parece se preparar
continuamente para saltar com as ondas da neblina,
ou para voar.

•

Uma criança convida um pássaro que passa para tomarem chá
à mesa em que está sentada sua mãe.

•

Não, não há na língua chinesa, como me disseram, nenhuma
relação entre as letras que formam as palavras "máquina"
e "deus", como é para sua amiga, a língua árabe, que as
denomina *'álah* e *'iláh*.
A física do sentido muda as formas e os padrões e cria
o que corresponde ao chamado do natural transmitido
pela língua da natureza.

POR QUÊ?

Osmanthus!
Por que não encontrei seu vestígio no léxico da língua
à qual se atribui o milagre?
Devo rever então o que eu tinha por conhecimento?
Você tem algo, Montanha Amarela, que eu possa calçar
nos pés, que o faz necessário a rota da viagem até o nada?

Talvez só haja lugar para a justiça na palavra "justiça".

Onde está meu lugar? Em cima do fogo? Na chama? Na brasa?
Na faísca?
Ou na água que esconde os sinos de nascimentos não
mencionados pelas mães?

Apoiado em muleta, o Sol pega na mão do ar
enquanto rebanhos de cabras celestiais saltitam de rocha
em rocha.

•

Na química dos elementos está a chave dos desejos.
Assim, poema, pego em seu nome uma folha do peito
de uma rosa e digo à gota de perfume:
seja para mim também gota de tinta.

•

Ao redor de cada rocha
a tinta da natureza escreve o poema do verde.

•

Meça o caminho com os olhos, não com os pés, dizem os passos.

•

Um sol se inclina, arco vermelho, em celebração da sombra.
Uma sombra pende, xale amarelo, nos ombros do Sol.

•

Você fala, as plantas o imitam
e as pedras repetem o que você diz.

•

O lugar também é criação.

•

Elevada é a amizade na Montanha Amarela
entre a luz e a sombra.
Uma diz à outra: Você é eu, eu sou você.

•

Se a poesia deve ser feita por todos,
os entulhos do discurso não cobrirão a realidade?

•

Hoje vou andar com você, Lua,
só uns poucos passos.

•

Uma luz tece para o espaço
um manto como uma noite.

AQUELE INSTANTE

Aí está a Montanha Amarela, que subo na companhia dos amigos
Chui e Wuhau num palanquim amarelo.

O carro tem mais que duas mãos e dois pés.
O movimento é um alfabeto de formas e coisas.
É outra linguagem. Nos detalhes do trânsito, no subir,
no voltar e gesticular, no parar e olhar
para a direita e para a esquerda,
no ondular da inspiração e expiração,
no ouvir os passos de outros pés que disputam
com o vento do tempo
as escadas de subir e descer.
Num instante, para você incompreensível,
você sente que interromper um movimento é só outro
movimento
e que o brilho em seu corpo é tão só outra luz dentro
da luz,
que o mar a envolvê-lo com braços apaixonados
não passa de uma alusão aos braços de outro mar,
de outro centro,
e que a subida... é uma jornada oculta na microárea
de uma região em que se aprende
como o poema toma seu ritmo dos passos do encontro
da imaginação com a realidade.

TRANSFORMAÇÕES

Sentada na soleira da eternidade, a Montanha Amarela
recebe os hóspedes do tempo.
A orientação neste castelo é você se perder, sussurrou
em meu ouvido
quando saudei.
Em seguida ela disse:
Em seus passos os cordeiros viram estrelas.

A nuvem tira a roupa e se mistura com a luz.
O pó veste o manto etéreo. Aí está o Sol a colher uma flor
que se parece com a flor de Osmanthus
e a entrega ao ar em celebração do visitante que passa.

•

Árvores conduzem seus carros com cavalos-ramos que recusam
sela e freio.
Dispersas entre as pedras as rodas gritam:
Tanto faz se partimos ou não, o tempo acaba conosco.
Retesem seus arcos, preparem as flechas, partam.
O espaço é sua casa agora.
A Montanha Amarela agarra os tempos
assim como o horizonte agarra as asas.
E quando a baba escorre dos lábios do Sol
a imaginação cria coxas para as árvores e colos para a água.

Pedras cavam com suas garras
salmos para o vento
e vozes perguntam a cada pedra:
Gosta de se parecer com o grito?

Um dia os lábios da aurora enlouqueceram
ao levarem para o Sol as revelações da noite.

Jovem flor saía da casa da natureza, com pantufas de seda,
e virava as costas aos sorrisos para uma flor eletrônica.
A natureza estava sentada na soleira da casa onde mora
a Montanha Amarela, casa
que acomoda mais de um céu
e tem soleira é guardada pela luz.

OLHE, POESIA

Será que escuto o dobre de sinos confucionistas
escalar as alturas da Montanha Amarela
rumo a outras montanhas?
Será que o amor permitiu à poesia pesquisar, ela também,
no decorrer desta primeira semana de outubro de 2018,
a ciência do invisível,
especialmente porque a poesia se destaca no estudo
do desconhecido e no estudo dos labirintos?
O fim é uma cama para sempre enferma na casa do infinito,
diz tal ciência, de acordo com essa pesquisa.

Aí está o tempo: uma criança no colo do céu.
Olhe, poesia, para a luz aqui, veja como para subir ela
põe o peito no peito de outra luz e como põe as mãos
para descer.

Também os caminhos caminham: para apagarem os passos que
desenham com tinta apaixonada.

O futuro jurou erguer uma casa na Montanha Amarela
para receber os visitantes apaixonados.
Aí está a árvore de Osmanthus, preparando-se para
ser sua companheira.
E todas as coisas aguardam pelo vento que regerá
a orquestra do encontro.

•

A água começou a escrever suas memórias sobre a gente do campo.
Foi-me dado publicar alguns trechos:

O político morreu na guerra e virou papel.
O poeta morreu na guerra e virou chama.

A ideia mastiga a coisa,
o poema a amamenta.

Por que a Montanha Amarela parece nariz que cheira céus?

Tempo: avarandado sem fim, habitado pela poeira.
Assim assoma o mundo no olho da Montanha Amarela.

Poesia: pássaro que arrasta o oceano carregado em placa
de metal que não para de afetar a ocultação?
Lótus que nada na Bacia Galáctica?

Não, esse poeta não visitou toda a China,
mas a conhece, ponto por ponto, como explosões de luz,
não como linhas de latitude e longitude.

O infinito hospeda nossos pés e mãos?
Como se traz para cá a onda do infinito, e até onde?

Janelas: asas.
    Sonhos: gazelas e cavalos.

Virá um dia em que a árvore será tinta, e a flor palavra.
    Virá um dia em que você dirá às pedras: Minha família.

Um fantasma passou, saudou:
    melhor talvez
    escalar as encostas das montanhas
    que descer as escadas do céu.

Às vezes não há como evitar a pessoa se sentar ao lado de
    uma nuvem e conversar cara a cara com ela, nem que
    seja em sussurro.

Em torno de seus ombros, pico, eu deixo minha inspiração
    na forma de um xale, e em torno de sua cintura deixo
    minha expiração na forma de uma camisa.

Por que o absoluto aqui me garante
    que quer pertencer ao relativo?

Abram, ainda que por um instante, as casas da imaginação
para a poesia descansar
e darmos tempo suficiente para as palavras visitarem
a árvore longeva
e observarem suas dobras que não atingiram a idade
de minha mãe,
que ainda não chegou aos cem anos!

Árvore de Osmanthus!
Um ramo é brinco na orelha do vento.
Outro ramo é trança.
Outros são
travesseiros de sonho revirado na onda da noite,
ponte,
tatuagem no pescoço do Sol.

Árvore de Osmanthus,
onde está o livro das imagens
que você prometeu à criança do sentido?

TÚMULOS

Parece que aqueles que vivem na sombra da Montanha Amarela,
nas proximidades, nos arredores,
cavam túmulos no horizonte
quando morrem.

Na véspera, rezam um a um no Templo do Sol
a oração do espaço.
Acompanha-os nessa oração
o perfume da árvore de Osmanthus.

Os ramos dessa árvore sabem
como tragar a luz
em cálices do espaço.

As palavras nessa oração
imitam os ramos da árvore de Osmanthus:
em cada uma há uma flor que fala.

BUDA SALTA DA PAREDE

Pequim.
À mesa, mesa da poesia, o Sol certa noite se sentou com
poetas, ele ao lado de Ouyang,
poeta que chamou para esse encontro no Templo do Sol,
no Buda Salta da Parede,
restaurante cercado por embarcações de pedra que
acenam para as embarcações na água, ancoradas
em torno de um lago que parecia tomado de cansaço
enquanto olhava para a Lua cheia na noite de 24 de
setembro de 2018.

A mesa em si é elevado poema.

Não tive dúvidas de que as coisas também têm garganta que
inveja às vezes as palavras dos poetas; e que algumas até
têm cabeças que dormem, mas apenas em determinada
noite dentro da noite, como as palavras que têm assentos
específicos para encontro dos poetas que se sentam sob
as arcadas do tempo para escutar que o fim
é um cálice esvaziado de tudo, menos de infinito.
Naquela noite, ouvi as coisas dizerem, como os poetas,
em uníssono:
Não queremos subir ao céu, não,
a menos que toda a terra suba antes.

FESTA

Festa da Lua!
        Azul não celestial que o céu inveja.
        Festa da Lua!
        Repete para si mesma a Lua,
        repetição que parece renovação contínua.

Não quero me diluir no semelhante,
        disse aos gritos a rosa que acabara de ler um livro
        crítico sobre a Lua e o Sol,
        escrito pela mão da neve.

A apaixonada deixou os lábios querendo deixar a saliva.
        O apaixonado deixou a saliva querendo deixar os lábios.
        Veja se me entende, Montanha Amarela, você que se
        apaixonou primeiro.

MONTANHA DA MEMÓRIA

Você me pede, montanha da memória, que eu fale de minha vida,
desmoronada, destruída.
Como falar dela
se já não lembro como a construí?
Não quero a devastação do passado
sentada à mesa da memória.
Você pode me inspirar?

Uma vez decidi me desligar
de vez do que me rodeava.
Quando eu me preparava para cumprir a decisão
as coisas ao meu redor começaram a se desligar,
elas mesmas.

O tempo, sozinho, assistiu a esse teatro.

ANHUI II

Ando e
ouço passos andando a meu lado, passos de árvores,
gramas e plantas.
Imagino os matadouros, os abatedouros do tempo,
os túmulos cavados no espaço.
Espadas devem estar à caça de pescoços nas matas
do nosso Mediterrâneo
e o silêncio à caça das verdades e de seus achegados.
É a sina do conflito entre as civilizações ou entre os
paraísos do mundo?
É a sina da selvageria e da dominação entre os traficantes
de armas e gente?
É tempo em que a terra devora seus filhos e o céu devora
seus pais.
É tempo em que os pés de um homem afetam sua cabeça
e os intestinos suas lendas e anjos.

Anhui, Anhui!
Ando, e busco apoio nos raios de sol,
raios vestidos com sombras de árvore:
frescos, salgados, meio quentes, meio nus, ébrios
e não sei mais como.

Termino a circunvolução: com eles, neles, em torno deles,
como se juntos entrássemos num ritual sem fim transitório
chamado transformação.
Aí está: rocha que inicia a transformação, na mão um cinzel.
De verdade, rocha, quer
esculpir seios para cada pedra
e cada árvore?

Música surge de instrumentos que flutuam nos braços do éter.

Anhui, Anhui!

DIVISÓRIAS

Esta noite tatuagens enchem o corpo da Lua:
em torno dela as estrelas são o jardim dos desejos.

•

Nos livros da morte li a vida
e nas notas que enchem o livro da vida li a morte.

•

Diluída no amor a errância é morte prematura:
morte morta.

•

A borboleta, é ela quem cria a própria morte:
parábola da ambiguidade estética na poesia.

•

Quando os lábios da beleza se calam
falam os cílios.

•

A poesia do corpo é o corpo da poesia?
A resposta está no alvo
ou no caminho até o alvo?

•

A luz se colocou este fazer:
abrir os braços e brilhar.
Eu tento imitá-la.

•

Geralmente a noite escreve; não lê.
Eu escrevo; não leio,
diz a eternidade.

•

Não gosto das maravilhas vindas do alto.
Gosto da maravilha que é surpresa: chega como a borboleta
que passa.

•

Quando o trivial se repete, a repetição não lhe dá nova
identidade?
Quando a novidade se repete, a repetição não lhe
tira a identidade?

•

O céu é roupa que todos vestem:
não combina com nenhum corpo
e nenhum corpo combina com ela.

•

Em toda escada há um abismo
ao contrário do que se pensa e do que parece.
Diga-me qual é sua escada, eu lhe direi qual é seu abismo.

•

O poema começou a me perguntar:
Acha então que ele começou a me escrever?

•

Suponho:
minhas palavras se convenceram de que dizem as coisas
não como elas são
mas como eu as vejo.
Posso então dizer à poesia:
O que você diz sobre a coisa
é mais verdadeiro que a coisa mesma.

•

A realidade, portanto, não é a coisa nem a língua;
é a relação entre a língua e a coisa.
Ou, língua, a suposição a levou a errar, ao dizer
que a realidade da linguagem é a linguagem da realidade?

•

Realidade?
Folha seca que escala a montanha do ar.
Pássaros, no que parece ser um jogo:
cada qual tenta se destacar na mistura
do horizonte com um par de asas.

•

Seria fácil para você ler aquela biografia que conta
como eu guardo suas tristezas entre meus brotos?,
perguntou-lhe a árvore de Osmanthus,
ao que ele respondeu, como se não tivesse escutado:
Tenho jardins para a certeza
e altas montanhas para a dúvida.
Não, só colará no osso da eternidade seu contraditório:
a carne do tempo!
Ontem, troquei a roupa tecida pelo espinho do sentido
por outra, tecida pela roseira.
Quando eu disse a meu corpo: Pare diante do espelho,
olhei para ele e não o vi:
ele fugira de mim,
à procura de outra imagem e outra roupa.

Imaginei-me a escrever pensamentos que eu enviava um
após outro para a montanha, ao que ela me dizia,
repetidamente:
Eu não leio!
Ainda guardo alguns deles:

O verde das árvores é amarelado aos olhos do vento.

Minha mão, concha, está a ponto de colher o suor empapado
do tempo que todo dia escala a Montanha Amarela.

O vento me disse:
As nuvens aqui têm gaiolas
sempre vazias, menos de mim.

Só uma coisa preocupa as nuvens em suas viagens:
levar sob os braços o livro da chuva.

Para as nuvens o funeral da poeira é um casamento.

Chuva não é variação da água,
mas do choro.

A luz esta manhã
parece pão apetitoso que o Sol distribui de graça
num silêncio que estampa as rugas das árvores em testa do espaço.

A Montanha Amarela tem um discurso de boas-vindas que é ao mesmo tempo um discurso de adeus: seja único, não imite.
Despedindo-me,
aperto a mão da árvore de Snoubar e bebo a água entre os lábios da flor de Osmanthus.
É o que escrevo agora em Monterrey, no México,
onde lembro a árvore com meu nome, perto da árvore Octavio Paz
e da árvore Derek Walcott e de outras árvores-poetas amigos,
ao tempo que lembro minha primeira árvore na Macedônia: Alexandre.

A montanha acompanha a montanha. A nuvem penetra na nuvem.
Que lei é essa? No que embasa a terra apaga o céu,
no que apaga o céu embasa a terra.
Que imagem é essa que abraça o sentido como abraça o perfume o corpo do ar?
Que lenda é essa em que flui o desejo como flui a chuva dos seios de uma nuvem apaixonada?

Escrevo sobre a poesia da criação e lhe pergunto,
meu corpo outro:
Por que, Europa exuberante na imagem, míngua no sentido?

Por que a estatura do mundo, hoje em você, parece
corcova marcada por feridas e verrugas?
Mundo de sacrifícios e túmulos, corpos esmagados,
cabeças cortadas.
Não está no rosto o rosto? Olho é caverna dentro
de caverna dentro de caverna?
Recorro, em seu nome, a seus demônios. Em nome deles,
trouxe até a China duas promessas:
a promessa da visão e a promessa da percepção.
Pergunto: Onde estão agora, promessas amarelas?

Nos finitos fermenta o vinho dos infinitos.
Na cinza trabalha o fogo da Fênix. Por ter-me apressado
em prodígios, dando a cada palavra duas mãos e dois olhos,
seguirei com mais prodígios, dando a cada pé um caminho
e a cada cabeça um horizonte.
Tenho água para a sede das areias
e novas casas para a Lua e o Sol.
Amor, seja o preâmbulo do universo.

Não me lembro de ter visto a luz na terra de onde vim, a não ser
por acaso.
Perguntava-me, afoito:
De verdade que a luz nos odeia de raiz, nós que
grassamos na bacia oriental do mar das civilizações,
o Mediterrâneo?

O ar incendeia com o óleo da língua.
A língua apaga com o óleo do pensamento.
O alfabeto vem desta vez dos furos na pele crivada
do éter celestial.
A cinza no espaço cura feridas nos ossos!
Cabeças derrotadas: carregam-nas cadáveres que
reclamam a vitória.

Eu, que despontei de um canto do Mediterrâneo, juro: o céu
desse mar não sabe estender sua mão para apertar outra.
Juro que esse céu agora não sabe escrever seu nome.
Diga-me, camisa da ressurreição: como tecem as linhas
deste mundo?

BUDA, ALEGORIA UNIVERSAL

A profecia escapou das grades da revelação.
A revelação escapou das grades da profecia.
Perguntaram a Buda:
O que os profetas farão
ao se inteirar disso?
Respondeu, calado:
Revelação é você escapar da revelação.

•

O tempo, o mundo:
um mofa no charco do outro.

•

Máxima de Buda em meu primeiro encontro com ele:
Plante a palavra na água da imagem
como se plantasse um lótus no lago do sentido.

•

Os bolsos do vento andam cheios de pó esta manhã:
e o pó, cheio de pés que não conseguem mais andar.

•

Quando os vendavais se desculparão com os campos
por lhes arrancarem as árvores?

•

As nuvens vão comigo aonde quer que eu vá:
para me separar da estrada, ou
para me unir com ela.

•

Não entro no meio da sombra:
prefiro contornar as bordas.

•

É em vão a tentativa, cores lindas,
de criarem borboletas da areia.

•

Uma noite geográfica me indaga, insistente:
    Onde cresceu, pois, o fungo da história?

•

Os endereços que a luz me passou para eu encontrar seus amigos
    o vento desprezou, dizendo:
    Melhor você esquecê-los.

•

Buda me ensinou como a asa nasce
    e me mostrou a cama onde ela vai descansar.

•

As palavras que sigo e que às vezes habito
    não são outras: janelas, portas, caminhos.

•

Sem terminar
    quero celebrar sempre os finais dos meus sonhos.

•

A noite na Montanha Amarela
    pesa o ar com o perfume
    e pesa o perfume com o escuro!

•

Começou a festa do perfume. Chegaram as árvores convidadas,
    menos a árvore de Osmanthus!
    Ah! Não! Desculpem-me, ela chegou. Já cruzou a soleira.

•

O espaço lava
    com perfume suas camisas.

•

O que não sei
    às vezes aumenta a ignorância do que sei.

•

Ocorreu-me na sombra da Montanha Amarela
    plantar a semente da tentação
    num tanto de vegetais
    e esculpir asas de pedra
    para as aves migratórias.

•

A palavra "não", no céu da Montanha Amarela,
nem sempre se opõe à palavra "sim".
Muitas vezes
a primeira só esconde a segunda.

•

Perfeito! Seja você quem for,
basta reger o mundo como se regesse
um carreiro de formigas.

•

O tempo desseca, tendido em cordas cósmicas, que não são
outra coisa que veias e artérias.
Há quem tenha sido criado
para ser barreira no rosto da aurora,
que retarde o despontar do Sol?
Mas os sistemas de crença absoluta têm luas que não
girem só em torno do abismo?

•

A Montanha Amarela é mais que um cenário no qual se abraçam
topo e abismo,
no qual o Inferno parece paraíso e o Paraíso parece inferno.
Você grita:
É mesmo, o terror tem sua beleza estonteante!
É mesmo, o Paraíso tem sua beleza infernal!

•

Li Bai, como diz a lenda da encantação,
deixou seu sapato aqui, num lugar, num canto
(ninguém sabe onde?).

•

É certo que a rocha sente, derrete-se e torna-se terra e água
para alimentar a árvore de Snoubar inclinada sobre ela,
grudada nela:
não longe dos rastros deixados na rocha pelos pés
de Li Bai.

•

Rastros! Rastros!
Não pergunte quem os deixou. Pergunte o que os astros
disseram e o que dizem.
Escrever aqui não tem fim.
As folhas não se deterioram.

•

Montanha da arte e das disputas.
Parece que pessoas se adiantaram ao tempo: vieram até ela,
esculpiram-na, depois morreram.
Seus cinzéis quebraram de tanto esculpir.

•

Viajante que vem à Montanha Amarela, seja você quem for, passe
pela cidade de Bishon, pela livraria Avant-Garde, e
hospede-se uma noite no hotel Primavera Mais que
Primavera, na aldeia de Duli, atravessando o mar de
bambu, ao tempo em que acena aos jardins do chá que
escala as montanhas, até Tanko, cidade vizinha, em
pradarias imitadoras das montanhas,
procissões de pedras que parecem procissões de árvores.

•

Por que a história não sabe despertar suas feridas em outro
lugar qualquer como as desperta em mim na cidade
de Shi Di, onde presenciei e vivi aquele momento
do encontro do perpétuo com o efêmero,
andando distraído,
o passo firme,
e onde vi como a cor verde pinta o quadro
e como a água cria o sentido?
Aqui nas proximidades do Pico do Lótus
imagino que sou a árvore de Osmanthus
e sinto como se pegasse a chama do tempo.
E o que é esta natureza!
Cama
peito! Braços abertos!
Vida em sua veste verde que não se deteriora.

Teçam, nuvens, teçam!
Onde puderam dominar a arte dos fios que a mão
da poesia tece?
Onde puderam competir com aquelas casas sempre
abertas para receber o céu e seus filhos?
Escuto alguém sussurrando:
É a profecia — quente, morna, fria.
Nuvens não têm estações.
Nuvens são estações.

MENSAGEM DE OSMANTHUS PARA AMIGAS ÁRVORES NO MUNDO

A vocês, amigas árvores nos países árabes,
leio agora uma crônica de trepidar troncos.
Crônica sem cabeça; apenas estômago e dois pés.
A árvore não acena mais para a árvore irmã, diz o ar árabe.
O vale não conversa mais com vales vizinhos.
A montanha não se curva mais em celebração de sua amiga.
E aquelas portas ao redor de vocês por que falam por
sussurros enquanto abraçam o vento?

•

Parece que escuto um poeta ora a conversar consigo mesmo,
ora com sua língua.
Diz, indagando-se: Quando lerei a oliveira
em cuja sombra se refugiou minha infância?
Ao redor dessa oliveira acendo velas que escondo
no alfabeto dos meus sonhos
e ao redor das velas ergo muros de lápis, cadernos
e livros
numa festa dançante para a qual exorto a orquestra
da natureza a celebrar aqueles que morreram
e aqueles que nasceram neste século movido pelos
invasores nas ruas.
Astros! Tomem lenços da aldeia em que nasci para com
eles enxugarem as lágrimas: corre sangue nessas lágrimas.

•

Um homem escala as paredes da noite para chegar mais perto
da Lua da feminilidade.
Um homem coloca o alfabeto sobre a cabeça como
um chapéu em forma de tartaruga.
Um homem aos gritos diz que o alfabeto é lanças
iluminadas para a guarda do céu.

Um homem lê — que não lê.
Um homem se levanta e se senta e com isso ele pensa
que aprende a perfurar o ar,
a costurar a água.
Uma árvore pergunta ao ar:
O que é esse infinito que só vê a si mesmo em poeira
e faíscas?
O que é essa terra que garante ser pomar imortal do lixo
expelido dos germes do universo?
Haverá de reconhecer, Sol? O universo que você rege gira
doente ao seu redor
longe de saber a cura.
Aurora, tome a verdade nos pés dançantes de uma criança,
na sombra de uma maçã que não descende da tribo
cuja linhagem começa em Adão.
O Sol da história cospe um sangue que a própria história
diz ser o elixir da realidade.

•

Árvores distantes, amigas minhas, não em público mas em segredo,
eu as saúdo e prometo celebrar seu perfume fugidio.
Mas digam...
É verdade que virou pus a escrita no papel que vocês,
as árvores, oferecem para a tinta árabe?
Que até a poesia virou ferida que não cicatriza?
Que a boca do escritor é um bocal de fogo e a cabeça
é capacete?
Que a boca do político é areia, e a boca da sociedade
é espuma?

Amigas árvores distantes próximas,
sei que o infinito já não trata com vocês,
e sei que a aurora é uma criança que para sempre queima
em seus braços,
sei que suas noites sangram em gemidos e que seus dias
derramam lágrimas,

que até seus ramos imploram por ar e água
e que as árvores, reunidas ao seu redor, costuram
os lábios em protesto contra o absurdo que devora
o espaço.

É verdade que as florestas de cimento agora começam a se
retratar com os faróis, os rios, os arcos, as pontes,
os jardins, as portas, as janelas, as soleiras?
É verdade que o joelho do horizonte tremeu de pavor
quando o futuro tentou se sentar nele
para escrever uma carta aos amigos?
É verdade que até o alfabeto teve medo
e viu nesse escrito uma formiga americana devorar
um touro sumério?
E viu um lobo vestido com canhão em forma de coelho?
E viu uma mosca prender um rouxinol?
E viu um zero árabe disfarçado, com pequena ajuda,
de todos os números?
É verdade que a vida em seus campos e mapas só é vivida
realmente nos corpos decepados dos mortos
e que essa vida na verdade é uma espécie de roupa militar
costurada pela violência: de um número contra outro
e de uma coisa contra outra, de uma pessoa contra outra
e de um universo contra outro?
É verdade que lhes foi prometida uma água que haverá
de fluir como leite dos seios das estrelas?
Não sei se eu teria ciúmes, se as invejaria...
Ou sentiria pena?

MENSAGEM PARA O OUTONO DE OSMANTHUS, QUE CHEGA

Outono de minha árvore,
a nudez, a nudez da árvore particularmente, é outro
corpo do corpo?
O ser humano é outono de si mesmo,
carcereiro de si mesmo?
Onde encontro nova água
para uma nova criação?

Outono de minha árvore,
por que sempre que tento abraçar aquela bela, sua mãe,
a terra,
um guarda de cara amarrada grita comigo:
Vá primeiro pedir licença ao céu!?
Mas onde fica esse céu? Onde o encontro?
Outono de minha árvore,
a folha na qual você inscreve sua seiva, e os frutos
de sua seiva,
o vento lê, a terra e o Sol também leem.
Já a folha, na qual o ser humano escreve sua vida,
por que só é lida pelas folhas?
Outono de minha árvore,
sim, eu prefiro ser
a casinha de um botão na camisa da aurora
a ser um líder no estábulo das trevas.

Outono de minha árvore,
quem estava sentado na cadeira feita do lenho
de sua irmã mais velha
morreu, e só a cadeira foi a seu funeral.
Só ela chorou por ele.

•

Outono é migração dentro das estações?
        Sim (não), não (sim),
        o corpo deste tempo tem muitas manchas:
        há o que remova manchas como a da migração?

Migrantes: astros quase extintos
        escorregam por escadas invisíveis.

Migração: como um cântaro
        acumula em seu fundo resíduos da eternidade.

Realidade?
        Migração no dado lançado do vento.

Gemido das migrações, juncos do vento:
        não música, não poesia.

Sim, é a migração.
        Nela uma estrela anda descalça.

Nuvens: roupas espalhadas no céu da migração,
        fiapos, trapos.

Você disse poeta?
        Sim, a assar seus sonhos em fornos que a ausência
        da migração alimenta.

Migração triste:
        sua tristeza é como onda pobre até para o sal.

Ontem acompanhei a migração em seu retorno até a casa árabe:
        ela estava perdida,
        não sabia como bater à porta.

O migrante não dorme porque seu corpo precisa dormir;
dorme para sonhar.

Um poeta escreveu para um amigo:
Ando cansado de recolher na migração os membros caídos
desse corpo estranho que não me abandona — a minha
morte.

É reveladora essa rosa que migra, amiga da flor de Osmanthus.
Sequer sabe falar de seu perfume.

Ninguém, nada se alegra com a morte dele.
É como a nuvem que chove e, pela mesma água, morre
gota após gota.
O ser humano é como a nuvem? Migração da água para
a água?

CONVERSA QUE TIVE COM A MONTANHA AMARELA AO CAIR DA NOITE

"Por que seu céu, Montanha Amarela, parece
vestido mesmo quando nu?"

"Talvez porque só falo com o Sol duas vezes:
quando ele aparece e quando ele dorme.
Sabendo que a cama em que dorme
me segreda tudo, sempre."

"Montanha, em sua sombra,
o que pode o ramo oferecer à mãe dele, a árvore?"

"Primeiro me pergunte:
Por que não são nossas sombras a se parecerem conosco
mas somos nós que nos parecemos com elas?"

"Montanha, em vão o ser humano tenta em sua sombra
convencer o sistema dele a usar o caos."

"Humano, em vão a coisa tenta em sua sombra convencer
o caos dela a usar o sistema."

"Tem algo, neste instante, que gostaria de dizer para
um árabe que a visita?"

"Sugiro que o céu visite a terra,
mais especificamente a terra árabe."

"Mas é uma terra que só tem discurso para trabalho."

“Sugiro construírem clínicas para tratarem as doenças
da cabeça, principalmente o câncer do discurso.
Sugiro também que os habitantes daquele terra
reconsiderem o sentido de ascensão: é certo que
tem muitos sentidos, mas certamente não significa
em todo caso nenhum tipo de viagem ao céu.”

“E assim, Montanha amiga, dos ramos das árvores e das raízes
das plantas nas florestas do sentido, pendem astros
à maneira de perguntas que a luz sabe, melhor que eu,
em que lábios se articulam, sabe também melhor que
eu como fazer as mesmas perguntas:
O dia precisa sempre encontrar a noite?
A noite precisa sempre encontrar o dia?”

•

Amiga Montanha, talvez agora já saiba por que pergunto às
minhas tristezas, contrariado:
Vão me deixar então e se juntar às caravanas das nuvens?

E talvez venha a saber meu segredo quando eu disser:
Longa é a guerra
entre o que fui e o que sou,
entre o que quis e o que quero.

Aí está um velho amigo que ama só seu semelhante.
Diga-me, Montanha,
como alguém pode viver
assim nesta miséria?

OUTRA ROTA PARA OUTRA SEDA

O dia é noite do desejo, e a noite é dia de trabalho:
entre eles o corpo é outra seda.

•

Se a areia encolhe
por que o deserto se expande?

•

O que querem estes? O que querem aqueles?
Trabalham como espadas,
pensam como lojas.

•

Largue seu inimigo, tenha pena dele:
sem a hostilidade, perde o pão de seu dia.
Sequer pronuncie seu nome.

•

No espaço daqueles olhos
orbita um astro a que chamam mau engano.
Há o bom engano?

•

"Por que suas cordas dissonam?"
"Para melhorar a harmonia do mundo."
"Ação antimusical."

•

Você é organizado, aliado,
e ele esquivo, isolado.
Você monta no vento,
ele dá a mão à rosa,
viaja em seu perfume, busca sua sombra.

•

Em sua caminhada você deve
mergulhar as entranhas na fonte do desejo.
O desejo é outra água de ser.

•

O que antecede a história é, na poesia,
a porta larga por onde entra a história.

•

A poesia da natureza é olho-d'água.
A poesia da cultura é curso d'água.

•

Ah a mulher chinesa!
Cortejo de nuvens cercadas
pelo trovão das imagens,
levadas pelos relâmpagos do sentido.

•

Homem: broto de Osmanthus
abrindo-se no campo do desejo.

•

Sim, falo com sabedoria somente
quando a imaginação me ilumina.

•

Estranho poeta:
seu nome envelhece,
seu corpo rejuvenesce.
Vê a si na borboleta
e dança a dança do espaço.

•

Está seguro finalmente de que o céu é também um cadáver.
Vejam como ele o toca para certificar-se disso.

•

Por que sua luz manca, Oriente?

•

De onde e como vem essa voz
que ordena ao broto abrir-se
e à Lua deixar a casa aberta
para os banquetes do pólen?

•

Buraco no crânio do mundo:
buraco vermelho.
Sem fundo?

•

Sua estatura não faz sombra.
O fantasma que o assombra não é outro: é ele.

•

O finito origina o infinito?
Ou esse origina aquele?

Também o finito não finda.
Todos os mortos me visitaram na rota da seda um pouco antes de morrerem,
todos eles visitei logo depois de morrerem.
Você, morto por último, abra o peito.

•

Minha cabeça está num museu. Outras cabeças me nascerão.
Meu corpo está numa cela, numa prisão.
Ninguém pode chegar até ele:
Como sou alto!
Vim a este mundo, assim deste tamanho, por quê?
Temo que de mim brotem outros corpos.

•

O calendário estelar é um travesseiro para a cabeça do destino:
você, onde está, cabeça estelar?

•

Não consegui até agora romper o cerco que me impôs o bando de lobos.
Pedirei a quem me empurrou para esta existência que me estenda mão amiga.
Espero que esse pedido não seja difícil,
ou muito tardio.

•

Não conseguirá, mundo, ouvir-me, entender-me
a não ser que ponha no ouvido
um aparelho auditivo
e me leia com o coração, não com os dentes.

•

Domo celestial, não tente conversar comigo
sem antes distribuir suas riquezas aos pobres do horizonte,
antes de se livrar dos planos que fez —
de envelhecimento prematuro,
de erguer muros entre um passo e outro do mesmo pé,
de dar o nome Hudson ao Mediterrâneo, e o nome
Atlântico ao Vermelho,
de transformar o árabe muçulmano em mendigo
parado à porta do Ocidente.
Não repita para mim o que o Sol repetia.
Ontem ele me dizia: Amanhã.
No dia seguinte: Depois de amanhã.

•

Os doentes que vi caírem mortos na rota da seda, um atrás do outro,
vinham da clínica fundada pelo céu
sob a supervisão dos anjos.

•

Morreu
antes de iniciada sua vida.
Morte que raramente o veneno angelical conseguiu produzir.
A coxa da mosca
é banquete farto para formigas famintas.

•

Mas onde está, rota da seda?
Quem anda com você? Quem anda em você?
Quem anda por você? E para onde e como?
Rota da seda,
quando falará à muito aguardada que chamamos verdade?
Será ela o céu?... que torce suas cordas angelicais para
enforcar

estrelas que alimentam rebeliões
a leste, oeste, norte, sul
com estandartes feitos com a seda das asas?

•

Há um fluido teológico a carregar água e ar,
mercados que o inferno guarda,
nos quais cintilam jardins do mundo ainda não vistos
por nosso olho.
Aí está o tempo! Armário ilimitado a empilhar nas
estantes as folhas da memória.
Esvaziem o crânio dos mortos!
Levem o que tiverem dentro para os armários do futuro
em carros puxados por cavalos do passado.
Embriões, úteros embriões!
Fígado de pato, girassol, colo de flor, vasto de sêmen líquido
e inocente.
Aí está o mundo a morrer coberto pela vida,
e aí está a vida a morrer coberta pelo mundo.
Mundo: vida.
Adão: Eva.
Razão: lenda.
A terra tem fome. O tempo come o tempo.

•

Saiam, amigos, com seus parceiros quando quiserem,
como quiserem.
Quanto a mim, seguirei minha história voando em tapetes
de nuvem,
sabendo que meu tempo não passa de um símio esperto
que escala
a montanha da existência em escada cega.

•

Realidade? Truque do céu,
mas truque da terra:
seu berço é criado sob o gibão dos demônios.

•

Ação movida pelo assassino contra o assassinado
diante de um juiz chamado invasão:
essa é a constituição americana do tempo político.
E são muitas as testemunhas.
Tomam outras rotas para a seda, de ida e volta,
sem outro país
que a poeira dos passos
e os chifres dos diabos.
Osmanthus!
Em torno dela, árvores amigas, vizinhas, trabalhadoras
em instituições que cuidam da licença do perfume,
abrem o carro do Sol, recebem os horizontes.
Às vezes suas folhas caem,
às vezes se inclinam, balançam, dançam,
às vezes se transformam em portas e chaves,
às vezes iluminam como lampiões.
Mas o que são essas clínicas nas quais se tratam bacias
de meteoros
e cabeças de galáxias?
É tentação dos céus,
é festival de massacres,
é sedição das doutrinas.
Criadores, respondam, acordem,
vocês que zelam pela saúde do universo.
Desejar é perpassar, unir a crosta do universo ao cerne
da criação.
Não à necessidade, à ocasião, à espera daquele momento
que separa a linha branca da preta!
Sim ao desejo que mistura as linhas com todas as cores,
básicas e derivadas, assemelhadas e diferenciadas,
e dessa mistura depois o desejo puxa a linha que quiser.

•

Diga, espaço! Não está farto de ler o céu?
É tempo de ler a si mesmo.

•

E você, visão,
desde minha infância sequer uma vez viu a Lua sentada
na cadeira sem ser para aplaudir um assassino ou um
assassinado.
E por que aquela estrela tirava a camisa quando via
a Lua?
Quem estava antes disso em seu colchão?
Não sou eu quem pergunta;
é a cama que pergunta com minha língua.

•

Meu sonho neste instante é como um pássaro que dorme
na neve,
de coberta só as asas.
Temo que o surpreenda a águia da realidade.
Ah noite essa transformada em rio que jorra gelado entre
minhas coxas!
Ah dia esse transformado em lago nas minhas entranhas,
quase seco!

•

Sopa: de pus,
carne: radioativa,
água: de zacum,
pão: de ferro.
Essa é a cozinha especial da máquina que prepara
os direitos e a liberdade dos homens!

•

A parede oposta ao ser humano é também um caminho,
que leva ao símio.

•

Confesso a você, trovão: uma vez ajudei o Sol a retirar de seu
rosto o véu da nuvem.
Rogo, dê-me outra chance de corrigir esse
relacionamento ambíguo
entre mim e o alfabeto.

•

Há algo, sim, que corrói os ossos do corpo desta civilização
ocidental!
E está em via de mudar seu nome.
Agora ao que parece mora amarrada numa casa
de onze paredes:
c, i, v, i, l, i, z, a, ç, ã, o.

•

Novas e diferentes ideias começaram a nascer de noite,
embora se obriguem a se suicidar na primeira
luz do dia.
Há um consenso de que o problema aqui não reside
no que os ancestrais dos árabes queriam dizer com
"As palavras da noite apagam o dia".
Quem sabe então o que é esse problema?
Buda, você
tem uma resposta, de verdade?

•

Tenho uma noite amiga que insiste em se separar de mim.
Tenho um dia inimigo que insiste em rejeitar a hostilidade
e em buscar minha amizade.
Louvo ou… satirizo o tempo?
Parece que o espaço é pluma que desenha: só a si mesma.

•

O céu, em seu traje moderno,
começa abaixo do ventre
e termina aos pés de um anjo da guarda alado!
Cada guarda no léxico desse anjo
é uma forma de extermínio.

•

O pré-humano ainda empurra seus exércitos, um por um,
para instituir o pós-humano.
É a orquestra das folhas a engolir a sinfonia das palavras.

ENCANTOS

Desejei, enquanto percorria metaforicamente a rota da seda,
poder de verdade limpar com meus cílios a poeira
acumulada no peito do amor.
Desejei orbitar com a Lua, ver a Terra inteira, colher
a flor mais bela e oferecê-la em saudação à
maternidade.
Desejei poder firmar paz duradoura entre os passos do
Ocidente em direção ao Oriente e os passos do Oriente
em direção ao Ocidente.

Agora me imagino saindo da China pela mesma rota da seda
e vejo como o Sol transforma a separação em encontro.
Vejo o espaço abrir os braços para quem passa debaixo
de suas galáxias
e os planetas rincharem em torno do Sol, manada de
cavalos em carreira, vestidos de vermelho e avançando
como ondas.
Vejo a chuva servir a terra e beber nuvem.
E me vejo, com os pássaros migratórios, compartilhando
asas, pão e água.

Aqui estou: vagando em sonhos, colocando uma estrela no prato
da noite,
à espera de que a torrente do desejo reparta a estrela
com os pobres de luz.

E você, sábia loucura minha, como posso fazê-la mais louca
e sábia ainda?
Como convencer o relâmpago a dançar esta noite a dança
do trovão?

O suor dos mortos escorre do alto e cobre os corpos vivos,
sem diferenciar andorinha e aranha, abelha e formiga,
homem e mulher.
Agora minhas mãos esculpem uma estátua da liberdade
esfaqueada no fígado
e a colocam em carro preto puxado por dois cavalos
vermelhos até lugar nenhum.

Diga-me, sábia loucura, há um tempo paralelo?
Há um lugar em lugar de outro?
Perguntas que deixarei, ó pássaro mensageiro, na caixa
de correio entre seus pés — amanhã.

Peito em forma de pera.
Espada pendurada em colo de pomba.
Seriam cabeças maduras que vejo balançarem cortadas
nas cordas da piedade diante das casas de Deus?
E você, punho de ferro, ferro da *jihad*, *jihad* sem palavras,
como vai contar para a tinta e o papel as calamidades
do sentido?

Pensei em Osmanthus, terceira árvore minha,
e disse a suas raízes: Hospedem, ao menos na imaginação,
ideias que nasceram na aldeia em que nasci em meio a sua
grama e água,
crescendo no espaço aninha o cerne do árabe, língua
que ouvi sorrir e responder.
Assim, deixarei que se encontrem e se abracem as
semelhanças e diferenças entre as regiões da China
e as regiões dos países árabes, especialmente entre o ar
da Montanha Amarela e o ar
da Montanha Sannine. Que confraternizem e defiram
numa orquestra da amizade fortalecida pela arte,
e numa orquestra da arte fortalecida pela amizade.

ROTA DA SEDA

O ar sabe cindir-se em duas metades na rota da seda,
uma antes do espaço
e outra além dele,
sendo o nada amigo de tudo.

•

A vida hoje é a ciência de sepultar o tempo, diz uma
flor meio murcha. A história dela não passa de revirar
de sepulturas e reavivamento de mortos.

•

Faz silêncio na língua e nas folhas.
Ouço palavras chorosas nas entranhas das estátuas
erguidas em colinas e encruzilhadas.
Ao redor de cada estátua um astro perdido
reconcilia as linhas do tempo com as agulhas do ar.

•

O desespero tem uma cabeça errante
que rola nas ruas.
O espaço é expiração do Sol.
E os passantes examinam as pontes construídas
nas margens da esperança.

•

Flores delicadas se espalham sobre cadáveres perfumados
com essências de labirintos.
Em que ajudam léxicos de estrelas para entender
as trevas da tirania?
Qual a utilidade da hipnose mágica para descobrir os
segredos do alfabeto da natureza e do que está além dela?

•

Num de seus diários, a rota da seda disse:
Áridas estações são arrastadas por pernas de formigas
e por todos os lados pessoas rasgam bandeiras.

Céu da migração, adicione esses passos à sua poeira.
E você, pó, esteja pronto para aprender a engolir
esses restos.
O que fará com aqueles que inventaram para cada pedra
dois lábios e dois olhos, e com aqueles que formarão
de você
outro barro para outros começos?
Mas diga-me, tempo,
como se quebrou sua coluna dorsal?

REFLEXÕES DE UM CADERNO DA ROTA DA SEDA INÉDITO ATÉ AGORA

Em dias que são como bazares concebidos por uma arquitetura
de paredes a desabar ao redor de jardins cujo néctar
amamenta as caravanas do vento;
em horas como ambulâncias que drenam sangue
debaixo de estrelas que perderam membros;
num lugar em que a morte cotidiana parece um velho
que insiste em permanecer criança;

imigrantes — perdidos, imolados, guerreiros — avançam
como a jogar, reunidos sob um mesmo teto,
o xadrez do extermínio.

O ser humano tem a capacidade sobrenatural de vender
o presente pela moeda do ausente e de comprar
com a existência o que não existe.

FOLHAS DE OSMANTHUS MIGRARAM E ESPERAM RETORNAR

Não há luz como a luz que irradiou do rosto de sua mãe quando
ela soube que você a olhava.

Cada vez que você abraça uma mulher, um anjo desce
até a terra numa escada que, de degrau em degrau,
arde de raiva e fúria.
Mais um motivo para romper com os anjos
e sua cultura.

Perguntar o que é o amor significa que você não quer descer
até si mesmo na escada do amor
nem quer saber quem é você.

O céu toma o pão da terra na desculpa de alimentar seus
guardiões, mas ela o toma somente para si e seus filhos.

O poema é uma mulher: cada ponto em seu corpo é tatuagem
cósmica.

Por que o pássaro do tempo entre os árabes e povos como
eles não sabe entoar a música do ser?,
eu lhe pergunto, música chinesa.

A infância é uma chave que se desdobra em chaves para as
quais todas as portas batem palmas, especialmente
aquelas que envelheceram.

A pedra da terra sonha em ser nuvem do horizonte.
A nuvem do horizonte sonha em ser pedra da terra.

Se carrega na cabeça o Paraíso do céu,
não pode carregar ao mesmo tempo o poema
da terra.
Perda terrível, sim, é duro perder!

O Criador nas religiões monoteístas diz ter criado o ser humano
à sua imagem.
De onde vem então a frivolidade para essa imagem?
E é feia!

Toda sobriedade na poesia e na criação artística em geral
é emboscada mortal.

Sim, o céu, com tudo o que há nele, não passa de uns passos
da terra.

Só terá vida verdadeira se matar, dentro de si, a morte.
E só poderá matá-la com amor e arte.

Dizem: Há sete céus.
Grosseiros os pregos angelicais cravados em seu corpo,
espaço!
Miseráveis!

Leia como se estivesse a começar a vida sempre, ou como
se nunca morresse.

Bem, seja a luz inspiração da matéria,
e seja o ar sua expiração.
É a melhor maneira de você saber como conviver com
a tríade do futuro
trabalho-dinheiro-sexo.
Com exceção dos árabes, pois sua tríade é
poder-dinheiro-sexo.

Repito aqui o que se dizia antigamente: Melhor ser mendigo
entre vivos
que rei entre mortos.

A guerra é o primeiro inimigo do homem.
Nela não há justiça, seja derrota, seja vitória.

O horizonte prefere se transformar em agricultor no campo
do Sol, sempre.

NOTAS NA ROTA DA SEDA

Nós, os árabes especialmente, sabemos que Deus se enfurece
e castiga, mata e reza. A pergunta é: Por que então
não ri?

•

A maioria das criaturas na língua árabe se move e anda,
embora na maioria das vezes só se mova e ande
entre ruínas.

•

Mais de uma flor murcha e chora
nas margens de um rio que seca, o rio do sentido.

•

Mudar o mundo? Sim.
Mas quem o mudará? E como?

•

O natural é uma taverna, como alguns dizem?
A porta dessa taverna é um médico hábil na cura de todas
as doenças, como dizem também?

•

Ouvi recentemente que a Lua árabe abriu um escritório cósmico
para vender suas casas — aquelas erguidas
nas margens dos desejos, nas alturas das lendas.
Talvez por isso, aposentados de todo o mundo
começaram a construir hospitais para as asas e
a transformar os ninhos de pássaros em mosteiros
para quem mora nas nuvens.

•

Os sábios têm hinos que nenhum templo consegue acomodar,
nem mesmo seus ecos.

•

A oração é uma mulher: cada ponto em seu corpo é uma
tatuagem feita pelas mãos de um deus furtivo.

•

O céu toma o pão da terra e o come com seus filhos anjos,
gênios e demônios
na desculpa de alimentar os pobres famintos.

•

Um pássaro preto toca uma música verde.
Outra maneira de dizer isso:
O pássaro do tempo toca a música da eternidade.

•

Os árabes só pedem à poesia a solução de seus problemas,
o que em si é um primeiro problema.

•

O céu é uma grande panela de tamanho sem fim, na qual
se preparam todas as sopas.

•

Religião é morte prematura a caminho.

•

Sol é dia se repetindo.
Dia é noite se repetindo.
Irmãos gêmeos que não se conhecem.
Sol, ama de leite do dia, é o príncipe da noite.

•

Por que nosso céu, o céu dos árabes, prefere ser
coberta para a noite
e cama para o dia?

•

O povo que recusa poesia
sofre do pulmão.

•

De vez em quando o céu brota das asas de um pássaro e dos
passos de uma criança,
e quase sempre as coisas firmam seus acordos usando
a matemática do horizonte.

•

Sonhadores

agarram os caminhos pela cabeça

e lhes tomam os pés para lavá-los com o leite das estrelas.

•

Escolha sua sepultura, desde agora, no livro do ar.

IMAGINO TER ENCONTRADO CONFÚCIO NA ROTA DA SEDA

Imagino ter encontrado Confúcio
a caminho da Montanha Amarela em companhia dos
amigos Bassam e Wu.
Secretamente tentei seduzir a árvore de Osmanthus a se
interessar por uma gazela de um par de cornos crescentes.

Quando pensei em contar isso a Confúcio,
ouvi uma rocha rir
e uma flor me estendeu a mão para me cumprimentar.

•

Passou um homem que parecia vender ar.
Passou um ar que arrastava atrás de si um longo manto
de raio solar.
Passou uma mulher que parecia convencer todos que
olhavam para ela
de que o tempo joga sua poeira na garganta da eternidade,
que ele é o mestre maior
e que a eternidade não passa
de um índice das ações do tempo.
Sim, também aqui senti que os raios de sol duvidam
das intenções de seu irmão, o poente.

A voz de Confúcio
sai do tronco de uma árvore de Snoubar, como um
Adônis que sai das entranhas da mirra:
os poetas são seguidos pelo Sol!

Sim, continue a trabalhar, mas não deixe de inventar o jogo
contra a morte. Nem abandone a infância que está dentro
de você.

Assim, você pensa, escreve e trabalha como se o próprio
vento que apaga lhe desse o nome indelével.
E diga: A poesia não é trabalho,
o trabalho é que deve ser poesia.
A própria vida, não fosse poesia,
seria só morte.

Tem direito a amizade a afirmar que só ela é a pérola do mundo?

Até logo, Confúcio.
Até logo, senhora Montanha Amarela.
Até logo, senhora árvore de Osmanthus.
Os poetas são seguidos pelo Sol.

Dados Internacionais de Catalogação na Publicação (CIP)

A239o

Adonis, 1930–
Ode à errância / Adonis ; tradução: Michel Sleiman.
Rio de Janeiro : Tabla, 2024.
272 p. ; 23 cm.

Tradução do original em árabe.

ISBN 978-65-86824-78-0

1. Poesia árabe. I. Sleiman, Michel. II. Título.

CDD 892.71

Roberta Maria de O. V. da Costa – Bibliotecária CRB-7/5587

Edição
Michel Sleiman

Coordenação editorial
Laura Di Pietro

Revisão
Isabel Jorge Cury
Gabrielly Alice da Silva

Capa e projeto gráfico
Cristina Gu

Imagem da capa
Ilustração a partir de gravura colorizada de J. Miller,
Kwei plant (Osmanthus fragrans), flowering stem with floral segments, c. 1771

Diagramação
Balão Editorial

[2024]

EDITORA ROÇA NOVA LTDA.
+55 21 99786 0747
editora@editoratabla.com.br
www.editoratabla.com.br

Este livro foi composto em Henry e Adonis, e impresso em papel
Pólen Bold 70 g/m² pela gráfica Santa Marta em maio de 2024.